测量学实践指导与习题

主　编　宋怀庆　肖荣健　张文君

副主编　王卫红　张天棋　李忠香　杨友贵

西南交通大学出版社

·成　都·

图书在版编目（CIP）数据

测量学实践指导与习题 / 宋怀庆，肖荣健，张文君主编. —成都：西南交通大学出版社，2021.8（2024.7 重印）
ISBN 978-7-5643-8193-6

Ⅰ. ①测… Ⅱ. ①宋… ②肖… ③张… Ⅲ. ①测量学－高等学校－教学参考资料 Ⅳ. ①P2

中国版本图书馆 CIP 数据核字（2021）第 165133 号

Celiangxue Shijian Zhidao yu Xiti
测量学实践指导与习题

主编 宋怀庆 肖荣健 张文君

责任编辑	姜锡伟
封面设计	何东琳设计工作室
出版发行	西南交通大学出版社 （四川省成都市金牛区二环路北一段 111 号 西南交通大学创新大厦 21 楼）
发行部电话	028-87600564 028-87600533
邮政编码	610031
网址	http://www.xnjdcbs.com
印刷	成都蜀通印务有限责任公司
成品尺寸	185 mm × 260 mm
印张	12.25
字数	306 千
版次	2021 年 8 月第 1 版
印次	2024 年 7 月第 2 次
书号	ISBN 978-7-5643-8193-6
定价	29.00 元

课件咨询电话：028-81435775
图书如有印装质量问题 本社负责退换

前言 PREFACE

本书主要是为《测量学》（上海交通大学出版社，王卫红主编）编写的配套教材，亦可作为《测量学》（第 4 版，西南交通大学出版社，李玉宝主编）的配套教材和开设测量学基础教学的辅助教材。全书分五个部分：第一部分是“测量实验与实习须知”，介绍测量实验、实习的一般注意事项与规定；第二部分是“测量实验”，其中分列了 17 个测量学基础实验内容；第三部分是“测量实习”，内容为控制测量、大比例尺地形图测绘、工程放样和道路工程测量实习指导书；第四部分和第五部分分别是与《测量学》章节对应的思考题和习题与习题参考答案。

本书由西南科技大学测量学课程组编写，具体分工为：第一部分，第二部分实验九、实验十，第三部分测量实习二，第四、五部分第 1 章与第 4 章由王卫红编写；第二部分实验一到实验四，第三部分测量实习三，第四、五部分第 2 章和第 5 章由宋怀庆编写；第二部分实验五到实验八、实验十二，第三部分测量实习一，第四、五部分第 3 章和第 7 章由肖荣健编写；第二部分实验十一、实验十六、实验十七，第三部分测量实习四，第四、五部分第 6 章和第 9 章由张天棋编写；第二部分实验十三到实验十五，第四、五部分第 8 章由李忠香编写；第四、五部分第 10 章由杨友贵编写。

张文君参与了本书的校核，宋怀庆校阅全稿并完成最后的修订。

在本书编写过程中，参阅了大量文献和网络资源，并引用了其中一些资料，为此谨向有关作者表示衷心感谢！

编 者

2021 年 6 月

目录 CONTENTS

第一部分　测量实验与实习须知……001

第二部分　测量实验……005

实验一　水准仪的使用与普通水准测量……005
实验二　四等水准测量……010
实验三　数字水准仪的认识与使用……016
实验四　水准仪的检验与校正……021
实验五　经纬仪与全站仪的认识与使用……024
实验六　水平角观测……034
实验七　竖直角观测……039
实验八　经纬仪的检验与校正……042
实验九　电磁波测距……047
实验十　三角高程测量……050
实验十一　一（二）级导线测量……053
实验十二　地形图测绘……058
实验十三　角度与距离测设……068
实验十四　平面位置测设……072
实验十五　测设点的高程……074
实验十六　曲线测设……076
实验十七　道路纵、横断面测量……080

第三部分　测量实习……086

测量实习一　控制测量……086
测量实习二　大比例尺地形图测绘……103
测量实习三　工程放样……114
测量实习四　道路工程测量……128

第四部分　测量学习题 …………………………………… 139

第 1 章　绪论……………………………………………………139
第 2 章　高程测量………………………………………………142
第 3 章　角度测量………………………………………………146
第 4 章　距离测量与直线定向 ………………………………151
第 5 章　测量误差基本知识……………………………………153
第 6 章　小区域控制测量………………………………………155
第 7 章　大比例尺地形图的测绘和应用 ……………………159
第 8 章　建筑工程测量…………………………………………166
第 9 章　道路工程测量…………………………………………168
第 10 章　地质勘探工程测量 …………………………………171

第五部分　测量学习题参考答案 ……………………………… 172

第 1 章　绪论……………………………………………………172
第 2 章　高程测量………………………………………………173
第 3 章　角度测量………………………………………………175
第 4 章　距离测量与直线定向…………………………………177
第 5 章　测量误差基本知识……………………………………178
第 6 章　小区域控制测量………………………………………180
第 7 章　大比例尺地形图的测绘和应用 ……………………182
第 8 章　建筑工程测量…………………………………………185
第 9 章　道路工程测量…………………………………………186
第 10 章　地质勘探工程测量 …………………………………188

参考文献 ……………………………………………………… 190

第一部分

测量实验与实习须知

测量学是一门实践性很强的课程，实验和实习是教学中不可或缺的重要环节。学生通过操作仪器、观测、记录、计算、绘图等测量实践，才能深化对测量学基本原理、技术方法的理解，掌握测量技术的基本技能。测量学实验与实习均以小组为单位进行，因此，它也是培养合作意识和团队精神的有效途径。

一、准备工作

（1）实验、实习之前，必须认真阅读实验、实习指导和教材中的相关内容，了解实验、实习的目的、要求、方法、步骤和有关注意事项。

（2）按实验、实习指导老师的要求，分好小组，于实验、实习前办理仪器工具的借领。

二、实验、实习基本规定

（1）测量实验、实习是需要小组成员各司其职、协作完成的教学实践活动。对实验、实习规定的各项内容，每个小组成员均应轮流担任不同的工作。实验、实习结束后，实验、实习报告应各自独立完成。

（2）实验、实习应在指定地点和规定时间内完成。未经允许，不得擅自改变实验、实习地点，不得无故缺席或迟到、早退。

（3）实验、实习领用、归还仪器，必须遵守实验室的设备管理规定。

（4）实验、实习中要爱护仪器设备，严格按照操作规程实施；若出现仪器故障、工具损坏和丢失等情况，必须及时向指导老师报告，不可自行处理。

（5）实验、实习是在室外进行的，本身存在许多不确定因素。在实验、实习过程中，必须听从指导老师安排，注意人身和设备安全，做到工作有秩序、有步骤，以保障实验、实习的顺利完成。

三、测量仪器工具的领取与使用

测量仪器属于精密仪器，正确使用、精心爱护和科学保养仪器设备，是测量人员应有的素质和必须掌握的技能，也是保证测量成果质量、提高测量工作效率和延长仪器工具使用寿命的必要条件。测量仪器工具的领取、使用必须遵守以下规则：

1. 仪器工具的借用

（1）以小组为单位，凭学生证前往测量实验室借领测量仪器工具。

（2）借领时，应确认实物与实验、实习指导书上所列仪器工具是否相符，仪器工具是否完好，仪器背带和提手是否牢固。如有缺损，立即补领或更换。

（3）仪器搬运前，应检查仪器箱是否锁好；搬运仪器工具时，应轻拿轻放，避免剧烈震动和碰撞。

（4）仪器工具均有编号，在实验、实习过程中各组应妥善保管各自的仪器工具，不得任意调换。

（5）实验、实习结束后，应清理仪器工具上的泥土，收拾装箱送还仪器室检查。仪器工具如有损坏和丢失，应写出书面报告说明情况，交实验室管理人员根据有关规定处理。

2. 仪器的开箱

（1）仪器箱应平放在地面上或其他平台上才能开箱，不可托在手上或抱在怀里开箱，以免不小心将仪器摔坏。

（2）开箱后未取出仪器前，应注意仪器的安放位置和方向，以便使用完毕后正确装箱。

3. 仪器的安装

（1）根据观测者身高，调整好仪器三脚架腿的长度，然后拧紧固定螺旋，防止因螺旋未拧紧造成仪器倒地事故；但也要注意不可过分用力，以免造成螺旋损坏。

（2）架设仪器脚架时，三条脚架腿张开的程度要适中，并得太拢或者分得太开，都有可能造成事故。前者稳定性差；后者在地面坚硬时，容易造成脚架腿向外滑动，并且也不方便观测员绕仪器走动。

（3）仪器三脚架设置好后，架头平面应基本水平。对于经纬仪和全站仪而言，三脚架架头中央应大致位于过测点标志的垂线上。在泥土地面上架设仪器时，应将脚架的脚尖踩紧踩实，防止观测过程中仪器下沉。若地面光滑，必要时可以采取用细绳将脚架三条腿连接起来、在脚架腿尖外侧堆放石块、将三脚架脚尖插入特制的框架内等安全措施，防止观测过程中脚架滑动。

（4）取用仪器时，应一手握住仪器照准部支架，另一手扶住基座部分，将仪器取出仪器箱，轻放到三脚架头上。一手仍握住仪器基座，另一手将三脚架架头上的中心连接螺旋旋入基座底板的连接孔内。

（5）仪器安装在脚架上后，要及时将仪器箱盖好，以免沙土杂草进入箱内。

（6）禁止坐、踩仪器箱。

4. 仪器的使用

（1）在使用期间，仪器必须有人看管，防止其被无关人员搬动和行人车辆碰损。

（2）晴天或者雨天在野外观测必须撑伞，防止仪器受烈日暴晒和雨淋。

（3）在使用仪器过程中，要注意避免触摸仪器的目镜和物镜的镜头，以免弄脏，影响成像质量。

（4）如遇目镜、物镜蒙上水汽而影响观测（在冬季较常见），只能用专用镜头纸轻擦，严禁用手指或手帕等物擦拭，以免损坏镜头上的药膜。

（5）转动仪器照准部时，应先松开制动螺旋，然后平稳转动；切不可在制动旋紧的情况下，用蛮力转动仪器照准部。

（6）使用微动螺旋前，要先旋紧制动螺旋，但要注意不可拧得太紧，以免造成螺旋损坏。

（7）微动螺旋和脚螺旋等应使用中段部分；若旋到了顶端，则应在观测结束后，立即旋回中间部位。

（8）仪器发生故障时，应立即停止使用，并及时向指导老师报告，不得擅自处理。

5. 仪器的搬迁

（1）远距离迁站或通过行走不便的地区时，必须将仪器装箱后再迁站。

（2）平坦地区近距离迁站时，可将仪器连同脚架一同搬迁。迁站时先检查仪器连接中心螺旋是否旋紧，然后张开仪器三脚架，双手各抓住一条三脚架腿，将三脚架头置于肩上，扛起仪器稳步行走。

（3）严禁将仪器脚架收拢后，横扛在肩上行走。

（4）迁站前应仔细清点所有的仪器、工具和资料，防止丢失物品。

6. 仪器的装箱

（1）仪器使用完后，应清除仪器上和仪器箱内的灰尘、脚架腿尖上的泥土，套上物镜盖。

（2）仪器拆卸时，应先松开各制动螺旋，将基座脚螺旋旋至中间部位；再一手握住照准部支架，另一手将中心连接螺旋松开，将仪器取下脚架。

（3）仪器装箱时，确认仪器放妥、仪器箱内的附件齐全后，再拧紧仪器各制动螺旋关箱上锁。若箱盖合不上，说明仪器位置未放置正确，或未将基座脚螺旋置于中段。这时应重新调整放置，切不可强压箱盖，以免造成仪器损坏。

7. 测量工具的使用

（1）木制标尺和花杆要注意防潮，不用时可平放，但不可踩踏和垫坐；也可靠树木、墙角立放，但要防止滑倒摔坏。折叠尺或塔尺，在使用后要及时收折。

（2）小件工具如垂球、测钎、尺垫、钢卷尺、皮尺等，用完即收，防止遗失。

（3）棱镜杆的接头部分很容易损坏，因此只有在通视困难的情况下，才应该拉出伸长，并且测量完成后应立即收回，不可全部拉出后横扛着行走。

（4）数码水准尺是精密测量标尺，使用时要避免磨损尺面刻划。

四、测量记录与计算规则

（1）实验、实习记录必须直接填在规定的表格内，不得用零散纸张记录，再行转抄。

（2）凡记录表格上规定应填写的项目不得空置。

（3）观测者读数后，记录者应立即回报读数，经观测者核实后再记录。

（4）所有记录与计算均必须用 2H 或 3H 的硬质铅笔记载。字体应端正清晰、数字齐全、数位对齐，字脚靠近底线，字体大小一般应略低于格子的一半，以便留出空隙改错。

（5）记录数据的小数位根据测量工作类型与等级确定，一般规定如表 1.1 所示。表格中记录位数是指记录值的占位数，空缺值一律以 0 占位。如：水准尺读数 1.5 m 应读记为 1.500，角度值 93°4′6″应读记为 93°04′06″。

表 1.1　测量常用单位

测量种类	单位	记录位数
水准	m	3 位（小数点后）
量距	m	3 位（小数点后）
角度的分	（′）	2 位
角度的秒	（″）	2 位

（6）实验、实习原始记录禁止擦拭、涂抹。

（7）无论是读错还是记错，观测数据的尾数不允许更改，详细规定参见相关测量规范。

（8）观测数据非尾数部分可以更改，但是禁止连环更改。例如，不能同时更改水准测量的黑、红面读数，角度测量中的盘左、盘右读数，距离丈量中的往、返测读数，等。修改非尾数的读记错误时，将错误数字以横线划去，将正确数字写在原数上方，并在备注栏注明原因（如测错、记错）。

（9）数据的计算应根据所取的位数，按“4 舍 6 入，5 前单进双舍”的规则进行凑整。例如，若取至毫米位，则 2.138 4 m、2.137 6 m、2.138 5 m、2.137 5 m 都应记为 2.138 m。

（10）每测站观测结束后，必须在现场完成规定的计算和检核，确认无误后方可迁站。

五、仪器设备损坏、丢失处理

（1）因责任事故造成仪器设备损坏时，应立即报告实验、实习指导老师和实验室管理人员，按照学校的有关规定，分析事故原因，并进行仪器维修，有关事故责任人员承担维修费用。

（2）因责任事故丢失仪器，应进行经济赔偿。

（3）因责任事故造成仪器设备损坏或丢失，而又拒不承担维修或赔偿责任者，按其情节轻重遵照《学生手册》上的相关规定处理。

第二部分

测量实验

本部分为专项测量实验，包括仪器认识与使用、测角、测距、测高差、测图等基本操作和导线测量、坐标测量、断面测量及工程放样等综合实验，共有 17 个。每个实验可单独进行，也可根据课程课时安排选择部分实验开展，并可组合几个实验项目作为测量实习进行。

实验一　水准仪的使用与普通水准测量

一、目的与要求

（1）了解自动安平水准仪的基本构造、各部件及调节螺旋的名称和作用，掌握其使用方法。
（2）熟悉水准尺的刻划、标注规律。
（3）练习水准仪的安置、瞄准、精平、读数、记录和计算高差的方法。

二、学时与设备

（1）实验学时：2 学时，每小组 4 ~ 6 人。
（2）实验设备与工具：自动安平水准仪 1 台（图 2.1）、脚架 1 个、双面尺 1 对、记录板 1 块、尺垫 2 个、铅笔 1 支。

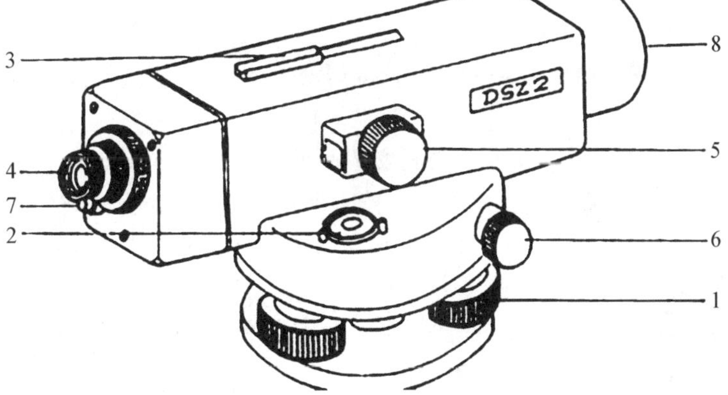

1—脚螺旋；2—圆水准器；3—粗照准器；4—目镜；5—调焦螺旋；6—水平微动螺旋；7—补偿器检查按钮；8—物镜。

图 2.1　自动安平水准仪

三、方法与步骤

1. 水准仪的认识和使用

（1）仪器介绍。指导老师现场演示并讲解水准仪的构造、安置及其使用方法，水准尺的刻划、标注规律及读数方法，然后分组练习。

（2）选择场地架设仪器。从仪器箱中取水准仪时，注意仪器装箱位置，以便用后顺利装箱。

（3）认识仪器。对照实物正确说出仪器各组件的名称及作用。

水准仪认识

（4）粗平。先双手按相对（或相反）方向旋转一对脚螺旋，再旋转第三个脚螺旋，直至圆水准器气泡居中。

（5）瞄准。先将望远镜对准明亮背景，旋转目镜调焦螺旋，使十字丝清晰；再用望远镜粗略照准竖立于测点上的水准尺。旋转物镜调焦螺旋使水准尺成像清晰，再旋转微动螺旋，将十字丝竖丝置于尺面一侧，此时可检查尺是否立直。

（6）读数。用十字丝中丝读取米、分米、厘米，估读出毫米位数字，记录员用铅笔记录。

圆水准器调节

水准尺通常用黑（红）白两色来刻度，每一格为 1 cm。在水准尺上的读数是望远镜横丝（中丝和上、下视距丝）在视距尺上横切的高度值。尺上标注数字为分米，每一黑（红）格或白格都为 1 cm，并可估读至 0.1 cm 位。如图 2.2 所示，中丝可读数为 1.290 m 或 1 290 mm（倒像）。

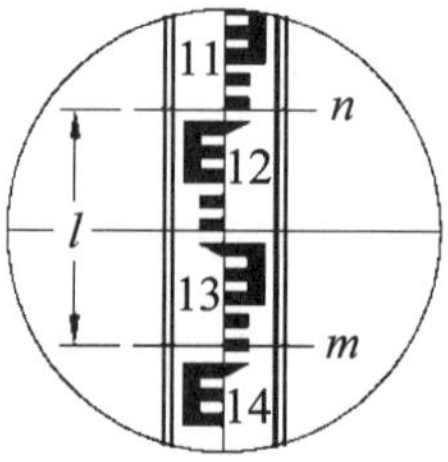

图 2.2　水准尺读数

2. 普通水准测量

（1）选定一条闭合或附合水准路线，其长度以安置 4 ~ 6 个测站为宜。确定起始点及水准路线的前进方向。

（2）在起始水准点和第一个立尺点之间安置水准仪，用目估或步量使仪器与前、后视点距离大致相等。在前、后视点上竖立水准尺，按一个测站上的操作程序进行观测，即：安置—粗平—瞄准后视尺—读数—瞄准前视尺—读数。观测员的每次读数，记录员都应回数检核后记入表格，并在测站上算出测站高差。

（3）向终点方向迁站，前尺变后尺，用相同方法施测，直至回到起始水准点或到终点。

（4）计算高差闭合差，若在 $\pm 12\sqrt{n}$（mm）之内（n 为测站数），将闭合差按与测站数成比例反号分配到各测段上，求出待测点高程。若超限须重测。

四、注意事项

（1）注意前、后视距应大致相等。

（2）旋转调焦螺旋，应平稳、轻柔，调焦时注意消除视差。

（3）一个测站观测过程中不得中途重新整平仪器。若圆水准器气泡发生偏离，应整个测站重新观测。

（4）立尺人员应站在水准尺后，双手扶尺，以使尺身保持竖直。

（5）除水准点外，其余的高程传递点（转点）要使用尺垫。要特别注意，在仪器站没有迁站前，后尺点不得移动尺垫位置。

五、实验成果（表 2.1、表 2.2）

表 2.1　普通水准测量记录

仪器 ＿＿＿＿＿　天气 ＿＿＿＿＿　班组 ＿＿＿＿＿　观测者 ＿＿＿＿＿

起止 ＿＿＿＿＿　成像 ＿＿＿＿＿　日期 ＿＿＿＿＿　记录者 ＿＿＿＿＿

测站	点号		后视读数 a	前视读数 b	高差 h		高程	备注
					+	−		
	后							
	前							
	后							
	前							
	后							
	前							
	后							
	前							
	后							
	前							
	后							
	前							
	后							
	前							
	后							
	前							
	后							
	前							
	后							
	前							
$\sum$								
检核	$\sum a-\sum b=$				$\sum h=$			

表 2.2　水准测量成果整理与计算

班组 ____________　计算 ____________　检核 ____________　日期 ________________

点号	距离/km 或测站数	高差 观测值/m	高差 改正数/mm	高差 改正后/m	高程/m	备注
Σ						
辅助计算						

实验二　四等水准测量

一、目的与要求

（1）掌握用双面水准尺进行四等水准测量的观测、记录与计算方法。

（2）熟悉四等水准测量的主要技术指标，掌握测站及线路的检核方法。

（3）掌握水准路线成果整理方法。

二、学时与设备

（1）实验学时：8 学时，每实验小组 4～6 人。

（2）实验设备与工具：自动安平水准仪 1 台、脚架 1 个、双面水准尺 1 对（1 根尺常数为 4.787 m，另 1 根为 4.687 m）、记录板 1 块、尺垫 2 个、铅笔 1 支。

三、方法与步骤

1. 四等水准测量的技术要求（表 2.3）

表 2.3　四等水准测量的技术要求（《工程测量标准》GB 50026—2020）

等级	每千米高差全中误差/mm	路线长度/km	水准仪的型号	水准尺	观测次数		往返较差、附合或环线闭合差	
					与已知点联测	附合或环线	平地/mm	山地/mm
四等	10	≤16	DS3 DSZ3	条码尺 双面	往返各一次	往一次	$20\sqrt{L}$	$6\sqrt{n}$

2. 一测站的观测程序

在测站上的观测程序为“后前前后”或“后后前前”。前者具体步骤为：

（1）用圆水准器整平仪器。

（2）后：后视黑面尺，读下、上丝读数，读中丝读数。

（3）前：前视黑面尺，读中丝读数，读下、上丝读数。

（4）前：前视红面尺，读中丝读数。

（5）后：后视红面尺，读中丝读数。

四等水准一测站观测

3. 测站的记录与计算

按表 2.4 中表头所标顺序（1）～（8）记录各个读数，然后按（9）～（18）顺序进行计算，并对各项指标进行检核，看其是否满足限差要求（表 2.5）。

表 2.4　四等水准测量记录表头

测站编号	后尺 下丝 上丝	前尺 下丝 上丝	方向及尺号	水准尺读数		K+黑－红/mm	高差中数/m	备注
	后视距/m	前视距/m		黑面/mm	红面/mm			
	视距差/m	累积差/m						
	(1)	(5)	后	(3)	(8)	(10)	(18)	
	(2)	(6)	前	(4)	(7)	(9)		
	(12)	(13)	后－前	(16)	(17)	(11)		
	(14)	(15)						

表 2.5　三、四等水准测量测站技术指标

等级	仪器	最大视线长度/m	前后视距差/m	前后视距累积差/m	黑红面读数差/mm	黑红面高差之差/mm
三等	S_3	75	2.0	5.0	2.0	3.0
四等	S_3	100	3.0	10.0	3.0	5.0

后视距离：(12)=|(1)－(2)|×100/1 000（换算为以“米”为单位）

前视距离：(13)=|(5)－(6)|×100/1 000

前、后视距差：(14)=(12)－(13)

前、后视距累积差：(15)=上站的(15)+本站(14)

前视尺黑红面读数差：(9)=$K_{前}$+(4)－(7)

后视尺黑红面读数差：(10)=$K_{后}$+(3)－(8)

黑面所测高差：(16)=(3)－(4)

红面所测高差：(17)=(8)－(7)

黑、红面所测高差之差：(11)=(10)－(9)=(16)－(17)±100

平均高差：(18)=[(16)+(17)±100]/2

4. 四等水准路线的施测

由指导老师指定一条闭合或附合路线进行水准测量，给出已知高程水准点及待测点（3 ~ 5 个）的位置：水准路线测量一般需 4 ~ 6 个测段，在测站上按“后前前后”或“后后前前”观测顺序观测并记录在表中，然后按(9)~(18)顺序进行计算；若各项检核满足限差要求，可迁站进行下一站的观测，否则，此测站重测。每个测段应该观测偶数个测站。

四等水准测站检核合格迁站

当全路线施测完毕后，应进行计算检核。

路线总长=$\sum(12)+\sum(13)$

累计视距差=末站(15)=$\sum(12)-\sum(13)$

$$\sum(3)-\sum(4)=\sum(16)=h_{黑}$$

$$\sum[(3)+K]-\sum(8)=\sum(10)$$

$$\sum(8)-\sum(7)=\sum(17)=h_{红}$$

$$\sum[(4)+K]-\sum(7)=\sum(9)$$

$$h_{中}=\frac{h_{红}+h_{黑}}{2}$$

然后计算水准路线的闭合差，若满足限差要求，则可计算水准路线各待测点的高程。

四、注意事项

（1）记录员在记录的同时应实时计算，一测站观测结束后应立即检核，只有当成果合格时方可迁往下一站。若检核条件不满足，应立即重新观测。

（2）后尺立尺员必须等到仪器站迁站后，才能移动尺垫迁往下一个立尺点。

（3）一测段内（两个水准点之间）的测站数必须是偶数。

五、实验成果（表 2.6、表 2.7）

表 2.6　四等水准测量记录表

自 ＿＿＿＿＿　测至 ＿＿＿＿＿　班组 ＿＿＿＿＿　观测者 ＿＿＿＿＿

仪器 ＿＿＿＿＿　天气 ＿＿＿＿＿　日期 ＿＿＿＿＿　记录者 ＿＿＿＿＿

测站编号	后尺 下丝	前尺 下丝	方向及尺号	水准尺读数		K+黑－红/mm	高差中数/m	备注
	上丝	上丝		黑面/mm	红面/mm			
	后视距/m	前视距/m						
	视距差/m	累积差/m						
			后					
			前					
			后－前					
			后					
			前					
			后－前					
			后					
			前					
			后－前					
			后					
			前					
			后－前					
			后					
			前					
			后－前					
			后					
			前					
			后－前					
			后					
			前					
			后－前					
检　核								

表 2.6　四等水准测量记录表（续）

自 ＿＿＿＿＿＿　测至 ＿＿＿＿＿＿　班组 ＿＿＿＿＿＿　观测者 ＿＿＿＿＿＿

仪器 ＿＿＿＿＿＿　天气 ＿＿＿＿＿＿　日期 ＿＿＿＿＿＿　记录者 ＿＿＿＿＿＿

测站编号	后尺 下丝 / 上丝	前尺 下丝 / 上丝	方向及尺号	水准尺读数		K+黑−红/mm	高差中数/m	备注
	后视距/m	前视距/m		黑面/mm	红面/mm			
	视距差/m	累积差/m						
			后					
			前					
			后−前					
			后					
			前					
			后−前					
			后					
			前					
			后−前					
			后					
			前					
			后−前					
			后					
			前					
			后−前					
			后					
			前					
			后−前					
			后					
			前					
			后−前					
检　核								

表 2.7　水准测量成果整理与计算表

班组 ＿＿＿＿＿＿　计算 ＿＿＿＿＿＿　检核 ＿＿＿＿＿＿　日期 ＿＿＿＿＿＿＿

点号	距离/km 或测站数	高差			高程 /m	备注
		观测值 /m	改正数 /mm	改正后 /mm		
Σ						
辅助 计算						

实验三　数字水准仪的认识与使用

一、目的与要求

（1）认识数字水准仪的基本构造、各部件及调节螺旋的名称和作用，掌握其使用方法。
（2）熟悉条码水准尺的使用。
（3）熟悉配套软件的使用。

二、学时与设备

（1）实验学时：2 学时，每小组 4 ~ 6 人。
（2）实验设备与工具：数字水准仪 1 台、脚架 1 个、条码尺 2 根、尺垫 2 个。

三、方法与步骤

1. 数字水准仪的认识

（1）仪器介绍。本实验以南方测绘 DL-2007 数字水准仪为例，指导老师讲解数字水准仪（图 2.3、图 2.4）、条码水准尺（图 2.5）的构造、安置及使用方法。

（2）选择场地架设仪器。从仪器箱中取水准仪时，注意仪器装箱位置，以便用后顺利装箱。

（3）认识仪器。对照实物正确说出仪器的组成部分、各螺旋的名称及其作用。

（4）仪器整平、瞄准方法同普通水准仪。

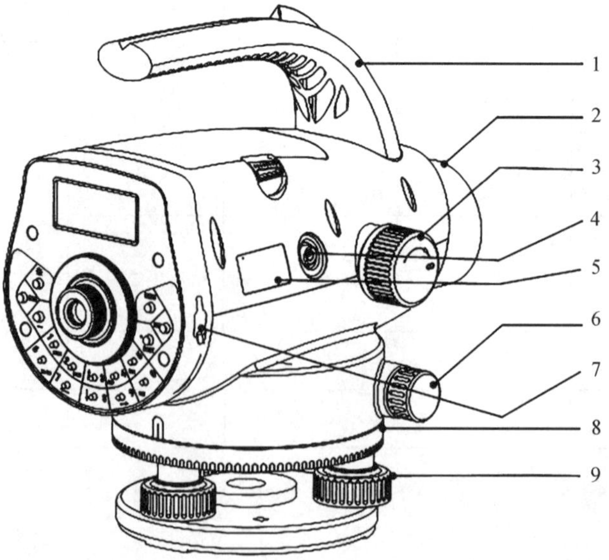

1—提柄；2—物镜；3—调焦手轮；4—电源开关/测量键；5—型号标贴；
6—水平微动手轮；7—数据输出插口；8—水平度盘；9—脚螺旋。

图 2.3　DL-2007 数字水准仪（a）

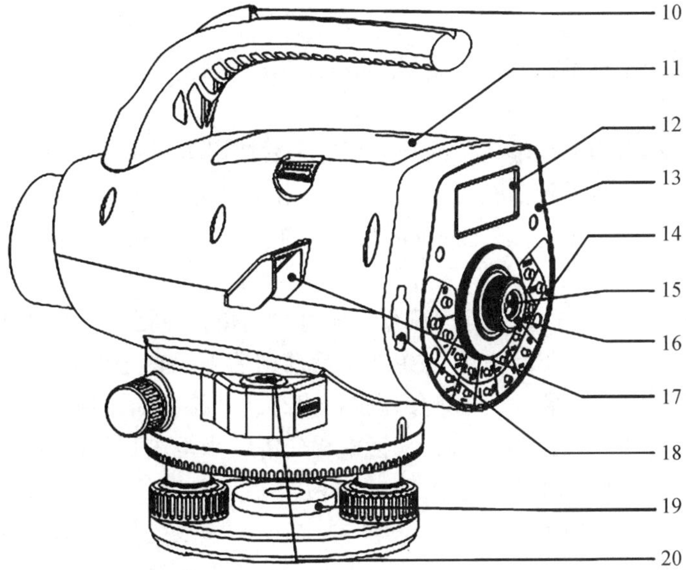

10—粗瞄器；11—电池；12—液晶显示屏；13—面板；14—按键；15—目镜；16—目镜调焦；
17—圆水准器反射镜；18—MICRO SD 卡；19—基座；20—圆水准器。

图 2.4　DL-2007 数字水准仪（b）

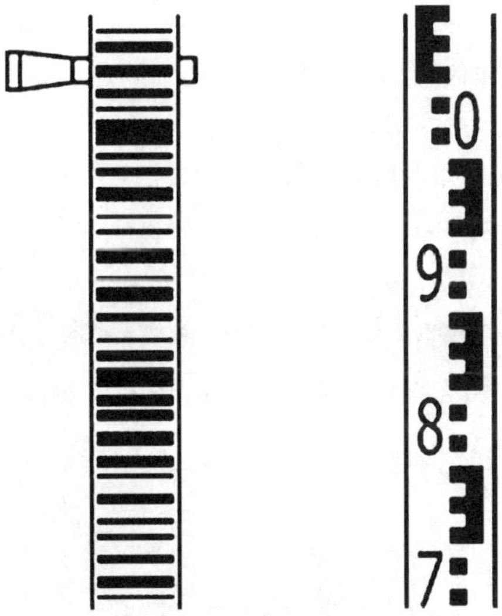

图 2.5　条码尺

（5）读数与记录。数字水准仪可自动读取视距、中丝等读数，并可将数据直接存于内存中；若选择手工记录，则其记录计算方法与普通水准仪相同。

2. 数字水准仪的使用

DL-2007 可以进行视线高、距离、放样测量和高差测量，以及设置水准测量等级和观测程序，进行水准路线测量。

1）视线高和距离测量

在测量模式下按【DIST】键进行距离测量，按红色测量键●进行视线高和距离测量，照准水准尺，调焦使成像达到最清晰后按测量键，完成测量并显示结果。

2）放样测量

① 在主菜单选择【标准测量模式】，里面有【标准测量】【高程放样】【高差放样】【视距放样】模式。

② 以【高程放样】为例，输入【后视点高程】后按回车，再输入待放样点高程。

③ 显示屏提示“测量后视点”，照准测量点水准尺，按键●测量并显示出视高、视距。

④ 显示屏提示“测量放样点”，照准测量点水准尺，按键●测量并显示出视高、填挖值。

3）程序水准测量

DL-2007 程序菜单中具有多种程序测量模式可供选择，包括“二等水准测量”“三等水准测量”“四等水准测量”“BF（后前）”“BFFB（后前前后）”和“BIF（后支前）”等测量模式。在利用内置程序进行水准测量时，必须使用仪器内存或外接存储设备。

DL-2007 中各等级水准测量模式，是根据相应等级水准测量规范提示测量顺序的。“BF（后前）”模式是标准的普通水准测量模式；“BFFB（后前前后）”模式用于两次前后视水准测量；普通水准测量应选用“BIF（后支前）”模式，“BIF”模式支持在水准线路测量中插入“支点”，即若干个前视点，较多地应用于面水准测量、纵横断面测量。

3. 配套软件使用

在完成水准测量后，可以将内存中的数据导出到电脑中并进行数据格式转换。

1）数据下载

在电脑上安装了数字水准仪数据处理软件和相应的虚拟串口驱动程序后，进行数据下载的过程如下：

① 用数据线连接 DL-2007 和电脑，启动数字水准仪数据处理软件。

② 选择“数字水准仪数据处理软件”，进入水准仪工具界面（图 2.6）。

图 2.6　数字水准仪数据处理软件菜单与工具

③ 选择“COM 通讯”，设置串口通信参数（图 2.7）。选择“COM 通讯”中的“接收数据”，选择确定。

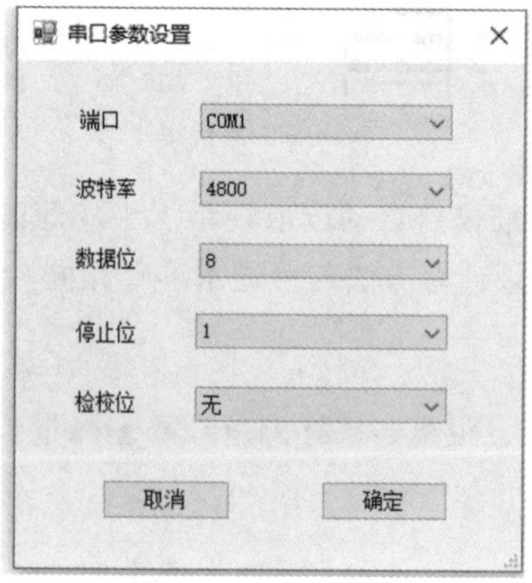

图 2.7　通信参数

④ 在仪器端选择【数据管理】—【文件输出】，选择数据来源【内存】或【SD 卡】，选择需要导出的线路，然后选择作业，点击 ENT 键（图 2.8）。

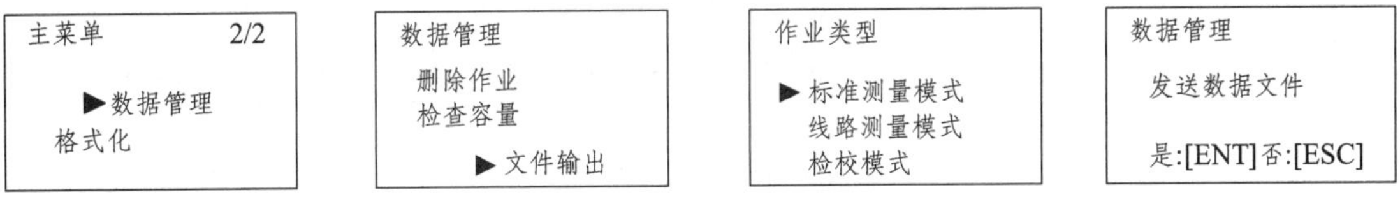

图 2.8　仪器端操作

2）格式转换

软件提供了数据格式转换功能，利用这一功能，可以将数据转换成外业记录格式。

① 在数字水准仪数据处理软件界面，点击报表，选择原始报表，如图 2.9 所示。

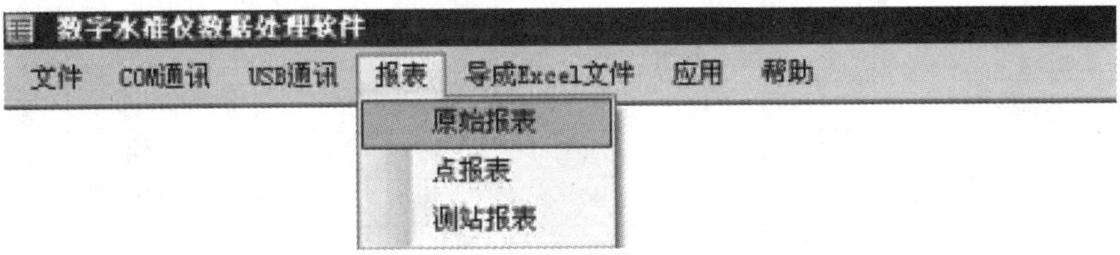

图 2.9　格式转换

② 在“报表表头”填写观测信息，点击确定，弹出报表预览窗口，报表可保存为 Word、Excel、Pdf 等多种格式，如图 2.10 所示。

四、注意事项

（1）观测过程中，若仪器提示结果超限，则应立即重测。

（2）下载的文件都可以用文本打开。

（3）软件的格式转换功能只支持以 .L 为后缀的 ASCII 格式。

五、实验成果

将数据成果保存为成果文件。

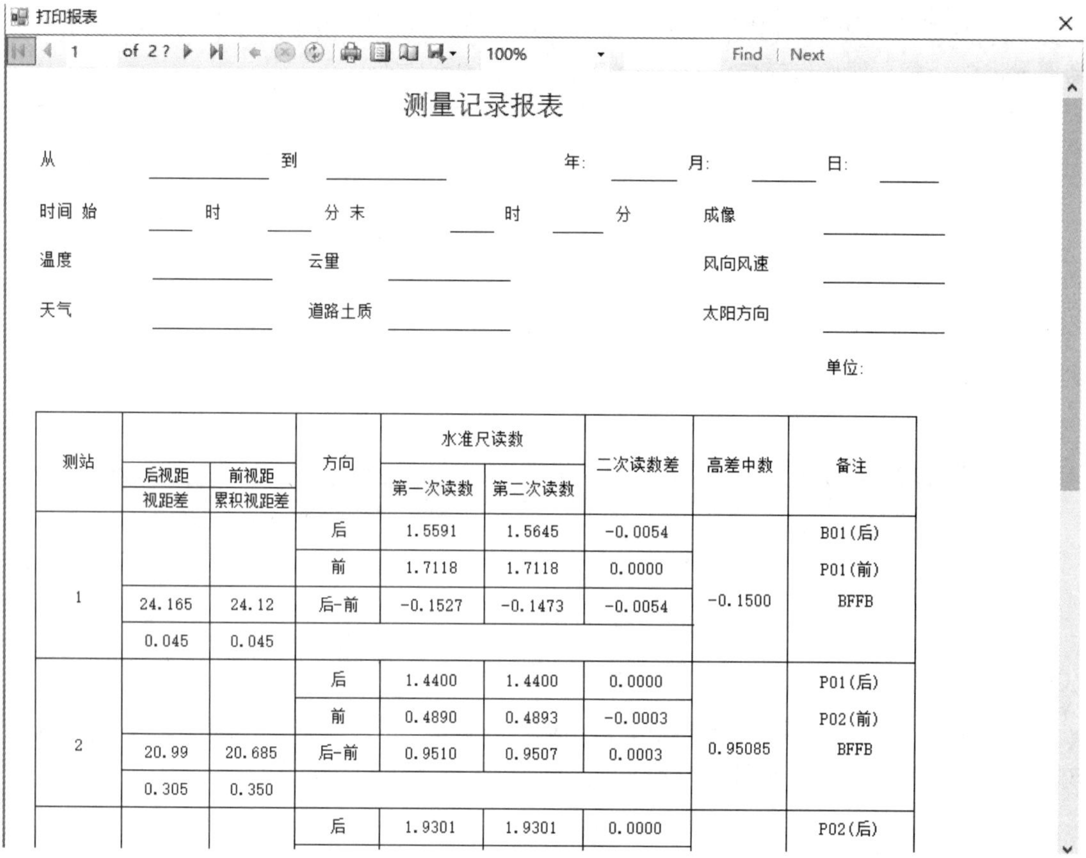
打印报表

1 of 2 ? 100% Find | Next

测量记录报表

从 ______ 到 ______ 年: ______ 月: ______ 日: ______

时间 始 ____ 时 ____ 分 末 ____ 时 ____ 分 成像 ______

温度 ______ 云里 ______ 风向风速 ______

天气 ______ 道路土质 ______ 太阳方向 ______

单位:

测站	后视距 视距差	前视距 累积视距差	方向	水准尺读数 第一次读数	水准尺读数 第二次读数	二次读数差	高差中数	备注
1			后	1.5591	1.5645	-0.0054	-0.1500	B01(后) P01(前) BFFB
			前	1.7118	1.7118	0.0000		
	24.165	24.12	后-前	-0.1527	-0.1473	-0.0054		
	0.045	0.045						
2			后	1.4400	1.4400	0.0000	0.95085	P01(后) P02(前) BFFB
			前	0.4890	0.4893	-0.0003		
	20.99	20.685	后-前	0.9510	0.9507	0.0003		
	0.305	0.350						
			后	1.9301	1.9301	0.0000		P02(后)

图 2.10　外业记录表

实验四　水准仪的检验与校正

一、目的与要求

（1）理解水准仪的主要轴线及它们之间应满足的几何关系。

（2）掌握 DSZ3 自动安平水准仪检验与校正的方法。

二、学时与设备

（1）实验学时：2 学时，每小组 4 ~ 6 人。

（2）实验设备与工具：DSZ3 自动安平水准仪 1 台、脚架 1 个、水准尺 2 根、记录板 1 块、尺垫 2 个、校正针 1 根、小螺丝刀 1 把、铅笔 1 支。

三、方法与步骤

1. 一般性检验

安置仪器后，首先检验：三脚架是否牢固，微动螺旋、脚螺旋等是否有效，望远镜成像是否清晰。

2. 圆水准器轴应平行于仪器竖轴的检验与校正

检验：转动脚螺旋，使圆水准器居中，将仪器绕竖轴旋转 180°以后，如果气泡仍居中，则说明此条件满足；如果气泡偏出分划圈，则需校正。

校正：先稍旋松圆水准器底部中央的固定螺旋，然后用校正针拨动圆水准器校正螺丝，使气泡向居中方向移动偏离量的一半，再转动脚螺旋使气泡居中。如此反复检校，直到圆水准器转到任何位置时，气泡都在分划圈内后，旋紧固定螺旋完成校正工作。

3. 十字丝横丝垂直于仪器竖轴的检验与校正

检验：用十字丝交点瞄准一明显的点状目标 P，转动微动螺旋，若目标点始终不离开横丝，则说明此条件满足，否则需校正。

校正：旋下十字丝分划板保护罩，用螺丝刀旋松分划板固定螺丝，转动分划板座，使横丝作微小旋转调整。反复检验与校正，直到转动微动螺旋，目标点始终位于横丝上，则将固定螺丝旋紧并旋上护罩，校正工作完成。

4. i 角检验与校正

检验：

（1）在较平坦的地方安置仪器，从仪器向两边各量 40 m，定出等距离的 A、B 两点，如图 2.11（a）所示。

（2）变动仪器高，分两次测定 A、B 两点的高差。若两次测得的高差之差不超过 3 mm，则取高差平均值作为最后结果 h_{AB} 。

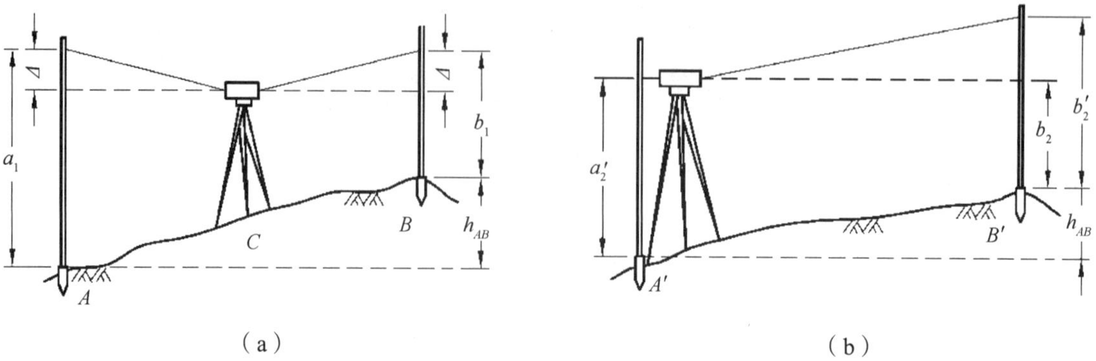

图 2.11　*i* 角检验

（3）将水准仪由中间移到 A 点附近约 3 m 处，如图 2.11（b）所示，测得 A 点水准尺读数为 a_2'，根据 a_2' 和 h_{AB}，算出 B 点尺上应有读数为 $b_2 = a_2' - h_{AB}$。

（4）照准 B 点水准尺读数 b_2'。如果 $b_2 = b_2'$，说明视准轴与水准管轴平行，否则不平行。若两轴不平行，则倾角 $i = \dfrac{b_2' - b_2}{D_{AB}} \cdot \rho$，当 i 角绝对值大于 20″时，应该予以校正。

光学水准仪 *i* 角检验

校正：

校正工作紧接检验进行，照准 B 点水准尺，调节十字分划板上、下两颗校正螺钉，使十字丝横丝切准水准尺上的正确读数 b_2 即可，如图 2.12 所示。

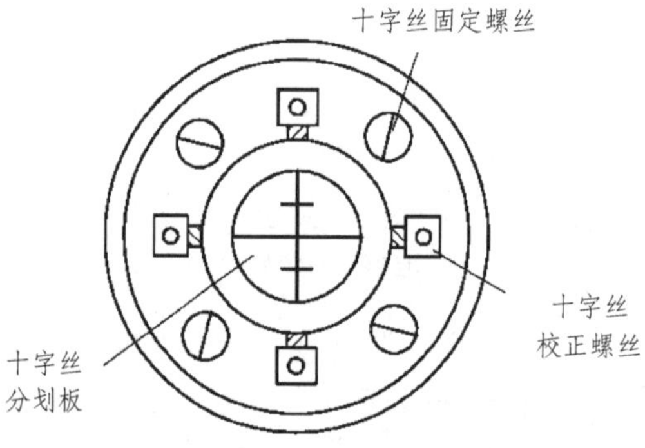

图 2.12　*i* 角校正

四、注意事项

（1）检校仪器时必须按上述规定的顺序进行，不能颠倒。

（2）校正用的工具要配套，拨针的粗细与校正螺丝的孔径要相适应。

（3）拨动校正螺丝时，应先松后紧，松紧适当。

五、实验成果（表 2.8）

表 2.8　水准仪的检验与校正

仪器 ＿＿＿＿＿＿　天气 ＿＿＿＿＿＿　班组 ＿＿＿＿＿＿　观测者 ＿＿＿＿＿＿

测站 ＿＿＿＿＿＿　成像 ＿＿＿＿＿＿　日期 ＿＿＿＿＿＿　记录者 ＿＿＿＿＿＿

<table>
<tr><td rowspan="3">1. 仪器视检</td><td>三脚架是否平稳</td><td></td><td>脚螺旋</td><td></td></tr>
<tr><td>制动与微动螺旋</td><td></td><td>望远镜成像</td><td></td></tr>
<tr><td>微倾螺旋</td><td></td><td>其他</td><td></td></tr>
</table>

<table>
<tr><td rowspan="2">2. 圆水准器轴平行于竖轴</td><td>检验次数</td><td>1</td><td>2</td><td>3</td><td>4</td><td>5</td></tr>
<tr><td>气泡偏离格数</td><td></td><td></td><td></td><td></td><td></td></tr>
</table>

<table>
<tr><td rowspan="3">3. 十字丝横丝垂直于竖轴</td><td>检验次数</td><td>误差是否显著</td></tr>
<tr><td>1</td><td></td></tr>
<tr><td>2</td><td></td></tr>
</table>

<table>
<tr><td rowspan="8">4. 视准轴平行于水准管轴</td><td colspan="3">仪器在 A、B 中点</td><td colspan="3">仪器在 A 点附近</td></tr>
<tr><td rowspan="3">第一次</td><td>A 尺读数 a_1</td><td></td><td rowspan="2">实测</td><td>A 尺读数 a_2'</td><td></td></tr>
<tr><td>B 尺读数 b_1</td><td></td><td>B 尺读数 b_2'</td><td></td></tr>
<tr><td>$h_1 = a_1 - b_1$</td><td></td><td rowspan="2">理论</td><td rowspan="2">$b_2 = a_2' - h_{AB}$</td><td rowspan="2"></td></tr>
<tr><td rowspan="3">第二次</td><td>A 尺读数 a_1'</td><td></td></tr>
<tr><td>B 尺读数 b_1'</td><td></td><td rowspan="2">i 角</td><td rowspan="2">$i = \frac{b_2' - b_2}{D_{AB}} \cdot \rho$</td><td rowspan="2"></td></tr>
<tr><td>$h_1' = a_1' - b_1'$</td><td></td></tr>
<tr><td>平均</td><td>$h_{AB} = (h_1 + h_1')/2$</td><td></td><td>结论</td><td colspan="2"></td></tr>
</table>

实验五　经纬仪与全站仪的认识与使用

一、目的与要求

（1）了解经纬仪和全站仪的基本构造和特点，熟悉主要部件的名称与作用。

（2）掌握经纬仪测角的基本操作和读数方法。

（3）掌握全站仪的设置和基本操作方法。

二、学时与设备

（1）实验学时：2 学时，每小组 2 ~ 4 人。

（2）实验设备与工具：经纬仪或全站仪 1 台、棱镜 1 个、棱镜杆 1 个、三脚架 1 个、测钎 2 根、记录板 1 块、铅笔 1 支。

三、方法与步骤

1. 经纬仪的认识和使用

1）仪器讲解

指导老师现场讲解光学经纬仪和电子经纬仪的构造，各螺旋的名称、功能及操作方法，本实验教程以 DJ6 型光学经纬仪（图 2.13）与南方 DT-02L 电子经纬仪（图 2.14）为例。

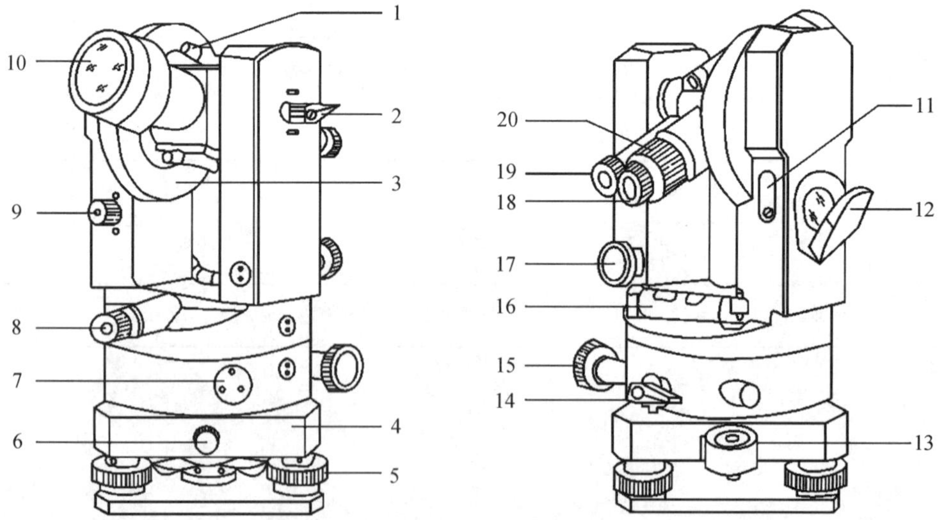

1—粗瞄准器；2—望远镜制动扳手；3—竖直度盘；4—基座；5—脚螺旋；6—轴座固定螺旋；7—度盘变换手轮；8—光学对中器；9—自动归零旋钮；10—望远镜物镜；11—指标差调节盖板；12—反光镜；13—圆水准器；14—水平制动扳手；15—水平微动螺旋；16—照准部水准管；17—望远镜微动螺旋；18—望远镜目镜与调焦螺旋；19—读数显微镜；20—物镜调焦螺旋。

图 2.13　DJ6 光学经纬仪

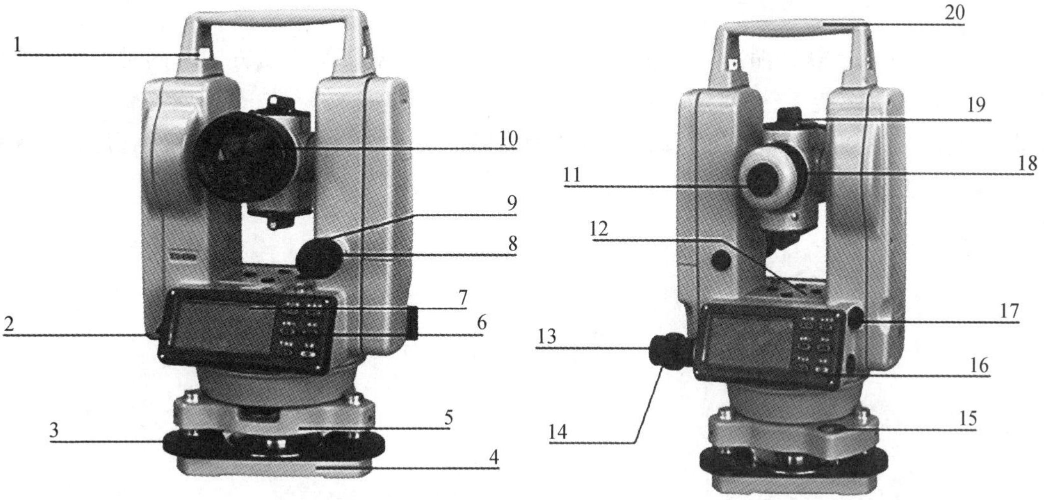

1—提把固定螺丝；2—电子手簿接口；3—基座脚螺旋；4—基座底板；5—基座；6—操作键盘；7—显示屏；
8—垂直微动旋钮；9—垂直制动旋钮；10—望远镜物镜；11—望远镜目镜；12—长水准器；13—水平微动旋钮；
14—水平制动旋钮；15—圆气泡；16—电源开关；17—对中器堵钉（激光对中器）；
18—望远镜调焦旋钮；19—粗瞄准器；20—提把。

图 2.14　南方 DT-02L 电子经纬仪

2）安置仪器

各小组在给定的测站点上架设仪器（从箱中取出经纬仪时，应注意仪器的装箱位置与状态，以便使用后装箱）。在测站点上张开三脚架，按照观测者身高调整脚架高度，要求架头基本水平，中心大致位于过测点的铅垂线上。然后一手提把手、一手托基座，把经纬仪拿出，轻放到三脚架的架头上；一手扶仪器基座，另一手旋转位于架头底部的中心固定螺旋，使其穿入经纬仪基座压板螺孔，旋紧螺旋将仪器固定在脚架上。

3）认识仪器

对照实物正确说出仪器的组成部分、各螺旋的名称及其作用，参考图 2.13 与图 2.14。

电子经纬仪认识

4）对中

掌握光学对中器对中和激光对中器对中两种方法。

① 通过旋转光学对中器的目镜调焦螺旋，使分划板对中圈清晰，并通过推、拉（光学经纬仪）光学对中器的镜管或旋转对中器调焦螺旋进行物镜对光，使地面测站点标志清晰，反复操作直到对中圈和地面测站点标志都清晰显示；或长按电子经纬仪操作键盘上的左/右键 3 s 后，使激光对中点亮起。

② 固定三脚架一脚，双手持脚架另二脚并不断调整其位置，同时观察光学对点器十字分划或激光对中点，使其基本对准测站点标志，踩实脚架。

③ 分别松开三脚架对应架腿固定螺旋，调整高度使圆水准器气泡大致居中。

④ 用脚螺旋使照准部水准管气泡居中，整平仪器，方法见步骤 5）。

⑤ 查看光学对点器十字分划或激光对中点与地面测站点是否偏离，若有偏离，则松开底座下的连接螺旋，在架头上平移仪器，使地面测站点位于对中器分划板对中圈中心。

⑥ 检查照准部水准管气泡是否居中，若气泡发生偏离，需再次整平，重复前面过程。

5）整平

如图 2.15 所示，转动照准部，使水准管平行于任意一对脚螺连线方向，同时相对（或相反）旋转这两只脚螺旋（气泡移动的方向与左手大拇指行进方向一致），使水准管气泡居中；然后将照准部转动 90°，使水准管垂直于刚才两个脚螺旋连线，再转动第三只脚螺旋，使气泡居中。如此反复进行，直到照准部转到任何方向，气泡在水准管内的偏移都不超过刻划线的一格为止。

管水准器调节　　　　对中整平操作

（a）气泡居中，1、2 等高　　（b）气泡居中，3 与 1、2 等高

图 2.15　经纬仪的整平

6）瞄准

取下望远镜的镜盖，将望远镜对准远处明亮背景，转动望远镜的目镜调焦螺旋，使十字丝（图 2.16）清晰；然后用望远镜上的瞄准器照准目标，旋紧水平与望远镜制动螺旋，调节物镜调焦螺旋，使目标影像清晰。若测水平角，则再转动水平微动螺旋，使目标被十字丝的纵向单丝平分，或将目标夹在纵向双丝中央；若测竖直角，则转动望远镜微动螺旋，用横丝切于目标照准位置。

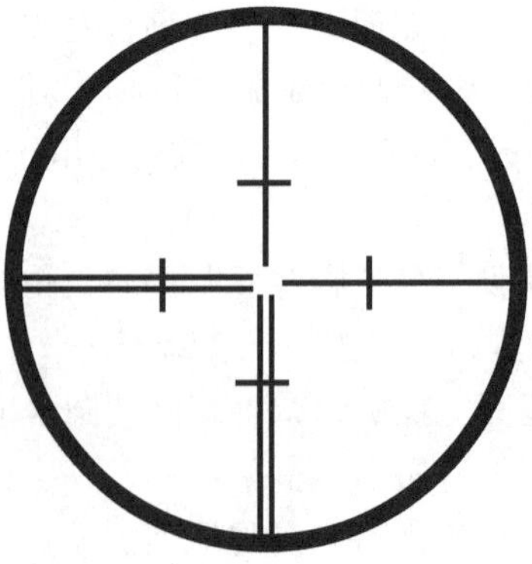

图 2.16　十字丝

7）读数

光学经纬仪瞄准目标后，调节反光镜的位置，使读数显微镜读数窗亮度适中，旋转显微镜的目镜调焦螺旋，使度盘及分微尺的刻划线清晰，读取落在分微尺上的度盘刻划线的度数，然后读出分微尺上 0 刻划线到这条度盘刻划线之间的分数，最后估读至 1′的 0.1 位，并将不足 1′部分换算为秒，如图 2.17 水平度盘读数为 117°01′48″。

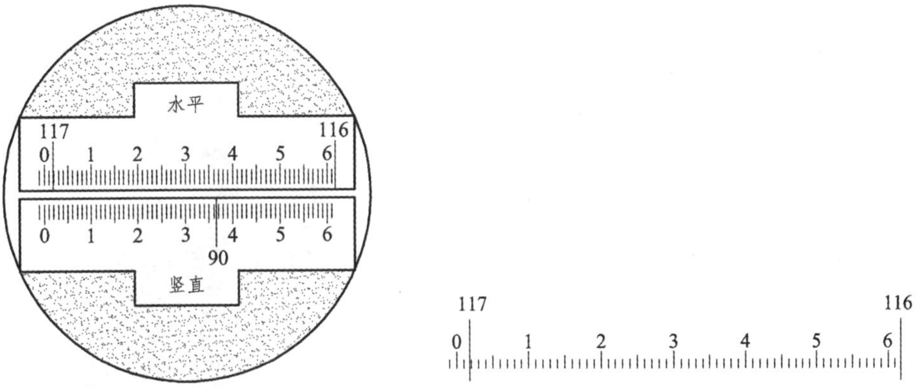

（a）　　　　（b）

图 2.17　DJ6 光学经纬仪读数窗

电子经纬仪瞄准目标后，水平度盘和竖直度盘读数都在双面的显示屏上同时显示，其中垂直为竖直度盘读数，水平$_{右}$为水平度盘读数。如图 2.18 所示，水平度盘读数为 8°21′09″，竖直度盘读数为 85°52′14″。

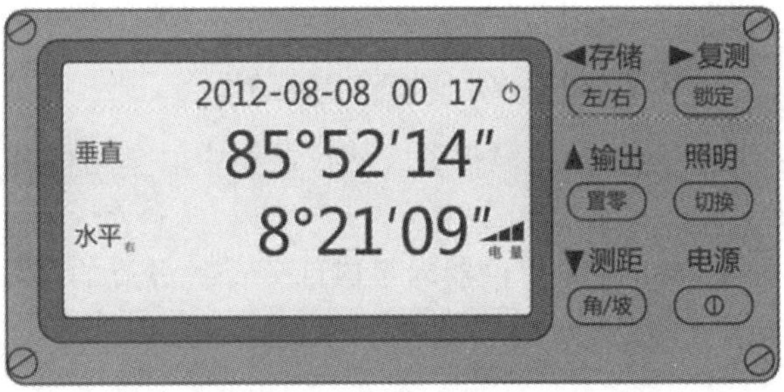

图 2.18　电子经纬仪读数显示屏

8）配置水平度盘

光学经纬仪是利用度盘变换手轮，改变水平度盘读数的。其方法是按住复测扳手将度盘变换手轮推进，使水平度盘与变换手轮结合在一起；然后旋转度盘变换手轮，观察水平度盘读数的变化，使水平度盘读数为设定值后，按下复测扳手弹出变换手轮，使水平度盘与变换手轮分离。有些仪器配置的是复测机构，要改变水平度盘读数，首先要旋转照准部，使水平度盘读数为设定值；然后按下复测扳手将照准部和水平度盘分离，旋转照准部照准目标，再打开复测扳手使度盘和照准部结合。

电子经纬仪
配置度盘

电子经纬仪的度盘读数设置可使用操作面板上的置零键，按此键两次，水平角置零；或通过旋转照准部把水平度盘读数调整为要配盘的读数，按操作面板上的锁定键两次，使配置的水平读数锁定，然后精确瞄准目标，再按一次锁定键则解除水平读数锁定，最后检查瞄准状态，则水平度盘读数配置完成。

2. 全站仪的认识和使用

1）全站仪的认识

（1）仪器介绍。指导老师安置好全站仪、棱镜，讲解全站仪各部件的名称及其作用、演示安置及使用方法。本实验教程以南方 NTS362R 全站仪（图 2.19）为例。

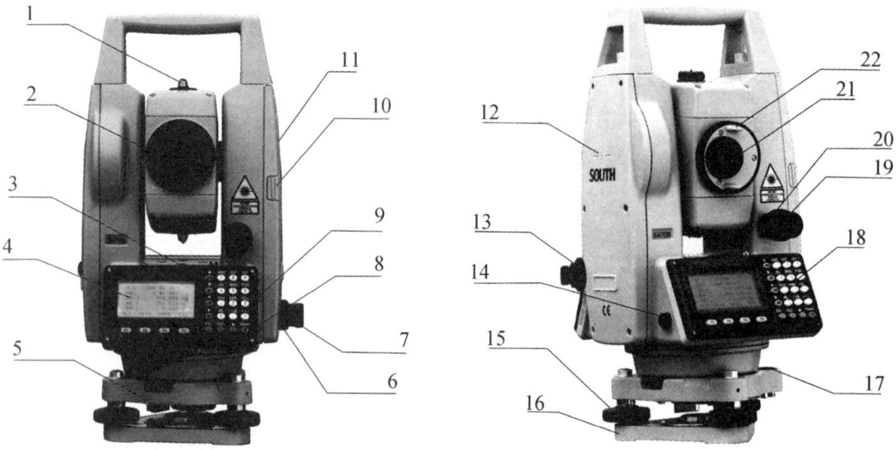

1—粗瞄器；2—物镜；3—管水准器；4—显示屏；5—基座锁定钮；6—水平制动螺旋；7—水平微动螺旋；8—USB 接口；9—SD 卡接口；10—电池锁紧杆；11—电池；12—仪器中心标志；13—光学对中器；14—数据通信接口；15—整平脚螺旋；16—底板；17—圆水准器；18—键盘；19—垂直微动螺旋；20—垂直制动螺旋；21—目镜；22—望远镜把手。

图 2.19　NTS362R 全站仪

（2）架设仪器。学生在实验场地架设仪器，从仪器箱中取全站仪时，注意仪器装箱位置，以便用后装箱。

（3）认识仪器。对照实物正确说出仪器的组成部分、各螺旋的名称及其作用，认识显示屏上各符号及数据的含义（图 2.20）。

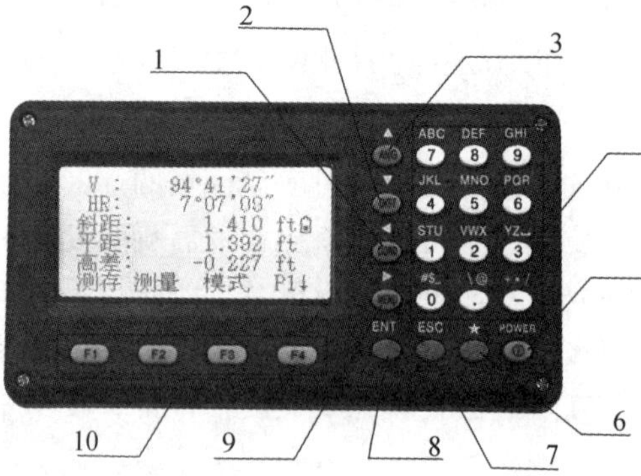

1—坐标测量（左移键）；2—距离测量（下移键）；3—角度测量（上移键）；4—数字键盘；5—电源开关键；6—星键；7—退出键；8—回车键；9—菜单键（右移键）；10—F1～F4。

图 2.20　NTS362 全站仪显示屏与键盘

2）全站仪的基本测量模式设置

全站仪是集测角、测距功能为一体，内置丰富测量计算程序的全能测量仪器。在应用不同的测量功能完成测量工作时，首先要进行功能设置。

（1）NTS362R 全站仪的基本功能设置。

按★键进入全站仪基本设置功能模式，按[ESC]键可退出，如图 2.21 所示。

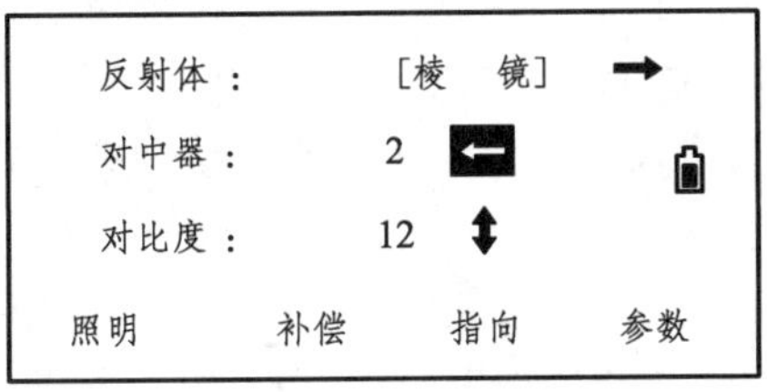

图 2.21 ★键

① 反射体：按 MENU（右移）键设置反射目标类型，连续按键，反射目标就在“棱镜”/“免棱镜”/“反射片”之间循环切换，根据实验条件，设置合适的反射体。

② 对中器：按 CORD（左移）键，改变激光对中器的激光强度，共 5 级，0 为关闭。

③ 对比度：通过按▲或▼键，调节液晶显示对比度，使其显示字迹清晰。

④ 照明：按 F1（照明）键打开背景照明开关，再按 F1 则关闭，当光线变暗无法看清屏幕时，可打开背景照明。

⑤ 补偿：按 F2 进入“补偿”设置界面，如图 2.22 所示，按 F1 或 F2 则为单轴或双轴补偿开，在屏幕上部显示补偿器状态，按 F3 关闭补偿功能，按[ESC]返回图 2.21 界面。

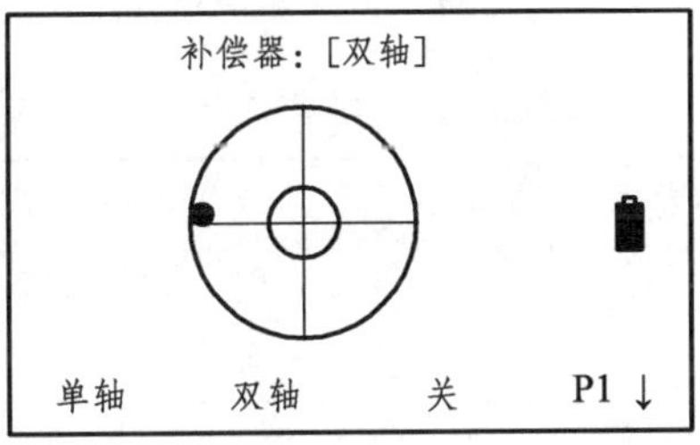

图 2.22 补偿器设置

⑥ 指向：按 F3 键，望远镜射出可见激光束，指示当前照准位置，再按 F3 关闭激光束。

⑦ 参数：按 F4 键，对棱镜常数、PPM 值和温度、气压进行设置，并可查看回光信号的强弱，按[ESC]退出，如图 2.23 所示。

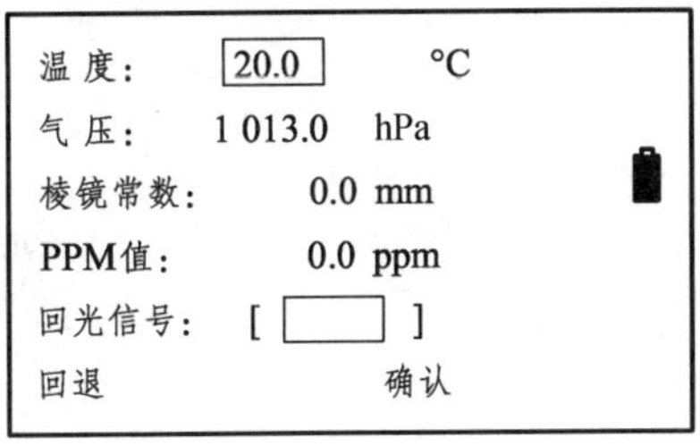

图 2.23 参数设置

• 温度设置：按▲和▼键，将光标移到温度行，用数字键盘输入当前温度，按 F4 确认，光标下移一行。当实际气象条件与标称气象条件差别较大时，应测定温度和大气压参数输入全站仪。

• 气压设置：光标移到气压行时，用数字键盘输入当前大气压值，按 F4 确认，光标下移至棱镜常数行。若使用的气压单位是 mmHg 时，按 1 hPa=0.75 mmHg 进行换算。

• 棱镜常数设置：当使用反射体为棱镜时，需要在测量前设置好棱镜常数。光标移至棱镜常数行，按当前使用的棱镜，将其常数输入到全站仪，并按 F4 确认，光标移至 PPM 值行。

• PPM 值设置：仪器根据输入的温度和气压值自动计算得到 PPM 值，也可自行输入。

（2）水平角度测量设置。

按 ANG 键，进入角度测量模式。此模式下有三个界面菜单（P1、P2、P3），分别用于角度显示置零、配置度盘、设置竖直角或坡度显示等设置，如图 2.24 所示。其软键功能详见表 2.9。

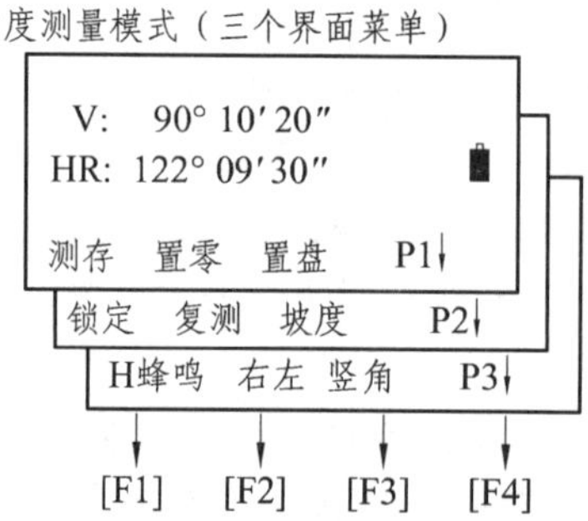

图 2.24　角度测量模式

表 2.9　测角模式功能键

页数	软键	显示符号	功能
第 1 页（P1）	F1	测存	启动角度测量，将测量数据记录到相对应的文件中（测量文件和坐标文件在数据采集功能中选定）
	F2	置零	水平角置零
	F3	置盘	通过键盘输入设置一个水平角
	F4	P1↓	显示第 2 页软键功能
第 2 页（P2）	F1	锁定	水平角读数锁定
	F2	复测	水平角重复测量
	F3	坡度	垂直角/百分比坡度的切换
	F4	P2↓	显示第 3 页软键功能
第 3 页（P3）	F1	H 蜂鸣	仪器转动至水平角 0°、90°、180°、270°是否蜂鸣的设置
	F2	右左	水平角右角/左角的转换
	F3	竖角	垂直角显示格式（高度角/天顶距）的切换
	F4	P3↓	显示第 1 页软键功能

① 起始方向读数设置：和经纬仪度盘配置一样，起始照准方向水平角读数可设置为 0°或任意角度，置零在照准目标后直接按[置零]键即可；若设置任意角度，则先按[置盘]键，然后通过数字键盘直接输入需要的角度读数，输入时以“.”为度分秒分隔符号，如 90°01′30″，用数字键盘键入 90.01.30。

② 左右角设置：水平角可分别设置为 HR 和 HL，即右角和左角，分别设置顺时针旋转读数增大，和逆时针旋转读数增大两种测角模式。在角度模式 P3 界面，按 F2（右左）键交替切换 HR 和 HL。

（3）竖直角测量设置。

在角度测量模式下，P3 界面，按 F3（竖角），则竖直角显示在“高度角”与“天顶距”之间切换。

（4）距离测量设置。

按操作键盘上的[DIST]键，进入测距模式，界面显示如图 2.25 所示，此模式下有两个界面菜单（P1、P2），后一个界面主要用于施工放样，单纯测距使用前一个界面。各界面中软键功能见表 2.10。

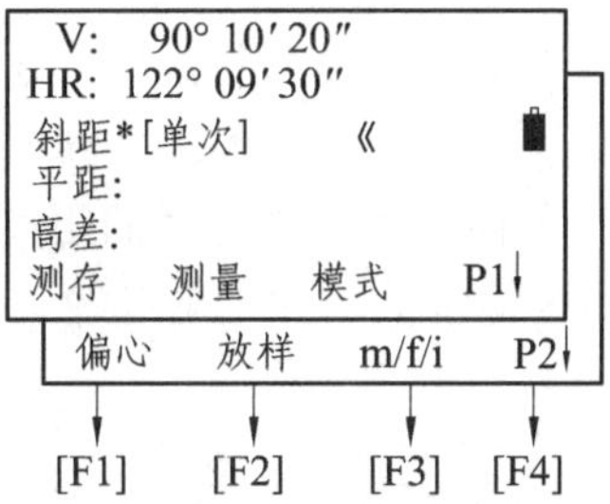

图 2.25 距离测量模式

表 2.10 测距模式功能键

页数	软键	显示符号	功能
第 1 页（P1）	F1	测存	启动距离测量，将测量数据记录到相对应的文件中（测量文件和坐标文件在数据采集功能中选定）
	F2	测量	启动距离测量
	F3	模式	设置测距模式：单次精测/N 次精测/重复精测/跟踪测量的转换
	F4	P1↓	显示第 2 页软键功能
第 2 页（P2）	F1	偏心	偏心测量模式
	F2	放样	距离放样模式
	F3	m/f/i	设置距离单位：米/英尺/英尺 · 英寸
	F4	P2↓	显示第 1 页软键功能

按[模式]键（F3），测量模式在“单次精测”“N 次精测”“重复精测”和“跟踪测量”四种模式之间切换。当采用 N 次精测模式时，输入测量次数后，仪器按设定的次数进行测量，并显示距离平均值。实际工作中要根据测距要求，设置合适的测距模式。

3）全站仪的使用

全站仪测角操作步骤与方法与经纬仪类似，参考前述经纬仪的认识和使用。

四、注意事项

（1）安置脚架时，应注意架腿的方向，要便于观测者操作，避免骑测。

（2）测量水平角瞄准目标时，应尽可能瞄准其底部，以减少目标倾斜所引起的误差。

（3）观测过程中，不可触动光学经纬仪的复测扳手或度盘变换手轮。

（4）日光下测量时不可将物镜直接对准太阳。

（5）电子经纬仪与全站仪属于精密光电仪器，使用时注意防潮，在潮湿的环境使用后，应擦干后装箱。

（6）注意保持全站仪数据接口清洁、干燥，连接数据线前，要吹出插头内的灰尘与其他杂质。

（7）迁站时要将全站仪装箱搬运，严禁不取下仪器，斜抱或者肩扛脚架搬动。

（8）由主机取下电池时，应先关闭电源；长期不使用时，应将内藏式电池由主机上取下。

（9）全站仪附件较多，应放在仪器箱内的固定位置，防止丢失。

（10）单轴补偿只对竖直角进行补偿，双轴补偿对竖直角和水平角都进行补偿。

（11）棱镜常数是指棱镜等效反射面偏离对中垂线的距离，不同型号的棱镜，其常数不同，精密测距前必须知道所使用棱镜的棱镜常数，并正确设置。

五、实验成果（表 2.11）

表 2.11　角度观测记录表

仪器型号：__________　日期：______年____月____日　观测者：__________

天　　气：__________　成像：______________　记录者：__________

测站	目标	竖盘位置	水平度盘读数 ° ′ ″	竖直度盘读数 ° ′ ″	备注
		盘左			
		盘右			
		盘左			
		盘右			
		盘左			
		盘右			
		盘左			
		盘右			
		盘左			
		盘右			
		盘左			
		盘右			
		盘左			
		盘右			
		盘左			
		盘右			

实验六　水平角观测

一、目的与要求

（1）进一步熟悉经纬仪或全站仪的使用方法。

（2）掌握测回法和方向法观测水平角的观测、记录和计算方法。

（3）理解测回法和方向法观测水平角的各项限差。

二、学时与设备

（1）实验学时：4 学时，每小组 2 ~ 4 人。

（2）实验设备与工具：经纬仪或全站仪 1 台、三脚架 1 个、测钎 4 根、记录板 1 块、铅笔 1 支。

三、方法与步骤

1. 测回法观测水平角

（1）在指定的场地内，选择 3 个点并用记号笔作标记，分别以 A、B、C 命名（图 2.26）。

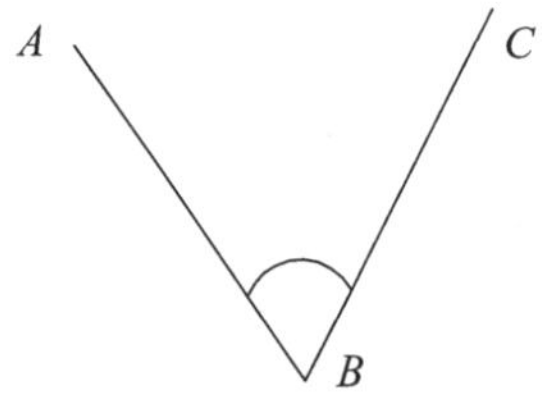

图 2.26　测回法水平角观测

（2）在 A、C 两点插上测钎。

（3）将 B 点作为测站点，安置仪器，并对中、整平。

（4）使望远镜位于盘左位置（即观测员用望远镜瞄准目标时，竖盘在望远镜的左边，也称正镜位置），瞄准左边第一个目标 A 点测钎，配置水平度盘读数到 0°或略大于 0°的位置上，读数 L_A 并做好记录。

（5）按顺时针方向，转动望远镜瞄准第二个目标 C，读取水平度盘读数 L_C，记录，并在观测记录表格中计算盘左上半测回水平角值 $\beta_{左} = L_C - L_A$。

（6）倒转望远镜，逆时针旋转照准部，此时盘左位置换为盘右位置，先瞄准第二个目标 C，读取水平度盘读数 R_C，记录。

（7）逆时针转动照准部，瞄准左边第一个目标 A，读取水平度盘读数 R_A，记录，并在观测记录表格中计算出盘右下半测回角值 $\beta_{右} = R_C - R_A$。

（8）比较计算的两个上、下半测回角值，若 $|\beta_{左} - \beta_{右}| \leqslant 40''$，则满足限差要求，取

$\beta = \frac{\beta_左 + \beta_右}{2}$，作为一测回水平角值。

（9）如果要对一个水平角观测 n 个测回，则在每测回盘左位置瞄准第一目标 A 时，配置水平度盘。每个测回度盘读数需变化 $\frac{180°}{n}$。

（10）除需要配置度盘读数外，各测回观测步骤与第一测回相同，比较各测回所测角值，若较差不大于 24″，取各测回平均值为最终水平角观测值。

测回法水平角观测

2. 方向法观测水平角

方向法也称为全圆测回法。方向法观测水平角是通过观测测站至各目标点的方向值，然后由方向值计算水平角值的方法。方向值是指选定一个方向为起始方向（零方向），其他方向相对于起始方向的角值。

如图 2.27 所示，测站点为 O，以 A、B、C、D 四个方向为例，则一测回操作步骤为：

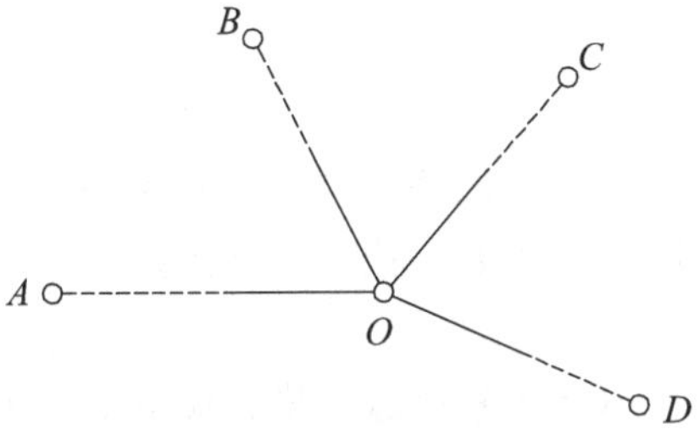

图 2.27　水平角观测

（1）上半测回，盘左选定目标点 A 为起始方向（零方向），瞄准 A；将水平度盘读数配置为稍大于 0°，然后检查照准目标，读数并记录；按顺时针方向旋转照准部，依次瞄准 B、C、D，读数并记录；继续顺时针方向转动，再次瞄准零方向 A，读数并记录，这一步骤称为“归零”。零方向两次读数之差称为半测回归零差。归零差不能超过限差，若超过限差，应重测上半测回。当观测方向不多于 3 个时，可不归零。

不同仪器、不同等级控制网水平角观测归零差的限差要求不同，详见表 2.12。

表 2.12　方向法观测水平角的限差要求（摘自《工程测量标准》GB 50026—2020）

控制网等级	仪器精度等级	光学测微器两次重合读数之差/（″）	半测回归零差/（″）	一测回内 2c 互差/（″）	同一方向值各测回较差/（″）
四等及以上	1″级仪器	1	6	9	6
	2″级仪器	3	8	13	9
一级及以下	2″级仪器	—	12	18	12
	6″级仪器	—	18	—	24

（2）下半测回，盘右瞄准零方向 A，读数并记录；按逆时针方向旋转照准部，依次瞄准 D、C、B、A，读数并记录；检查半测回归零差是否超限，若超限则重测整个测回。

下半测回观测时，记录的同时，应立即计算二倍视准轴误差 $2c$。$2c$=盘左读数–（盘右读数±180°)。2c 值互差要求不能大于限差，若超限须重测相关的方向。

（3）计算一测回方向值。

一测回内各方向的平均读数计算公式为：平均读数=[盘左读数+（盘右读数±180°）]/2。

取零方向的两个平均读数的中数，记于第一行，加括号，作为零方向的平均数。将各方向的平均读数减去零方向的平均数，得到各方向一测回归零方向值。

以上是方向法一测回观测的步骤，若需要观测 n 个测回，则各测回之间要变换零方向的度盘读数，使各个测回分别使用度盘的不同分划段，以削弱度盘分划误差对水平角测量值的影响。各测回间零方向度数变动值为 $\frac{180°}{n}$。例如：要观测两测回，则第一测回上半测回零方向应配置为 0°，第二测回上半测回零方向应配置为 90°。

方向法水平角观测

多测回观测时，同一方向各测回平均归零方向值的互差不能超过限值。若满足限值要求，则取各测回的方向值的平均值，作为最后成果；否则应重测。

四、注意事项

（1）第一测回配置度盘时，严格地配置到零度，既困难也不必要。由于配置过程中照准部可能有微小转动，读数前需要再次照准。为了避免出现 359°59′××″的读数，造成计算不便，度盘读数应配置在比零度稍大的位置。

（2）在观测过程中，若发现气泡偏移超过一格，应重新整平仪器并重新观测该测回。

（3）光学经纬仪在一测回观测过程中，注意避免碰动复测扳手或度盘变换手轮，以免发生读数错误。

（4）一测回内不得重新整平仪器，但测回间可以重新整平仪器。

（5）计算半测回角值时，当第一目标读数 a 大于第二目标读数 b 时，则应在第二目标读数 b 上加上 360°。

（6）仪器迁站时，必须卸下仪器，然后装箱搬运，严禁装在三脚架上迁站。

（7）使用中，若发现仪器功能异常，不可擅自拆卸仪器，应及时报告实验指导老师或实验室工作人员。

五、实验成果（表 2.13、表 2.14）

表 2.13　测回法观测水平角记录表

仪器 __________　　天气 __________　　班组 __________　　观测者 __________

测站 __________　　成像 __________　　日期 __________　　记录者 __________

测站	测回	目标	竖盘位置	水平度盘读数	角值	平均角值	备注
				° ′ ″	° ′ ″	° ′ ″	
			左				
			右				
			左				
			右				
			左				
			右				
			左				
			右				
			左				
			右				
			左				
			右				
			左				
			右				

表 2.14　方向法观测水平角记录表

仪器 __________ 天气 __________ 班级 __________ 观测者 __________

成像 __________ 日期 __________ 小组 __________ 记录者 __________

方向略图	

测站	测回	目标	水平度盘读数		2c	平均读数	归零方向值	各测回平均归零方向值	备注
			盘左	盘右					
			° ′ ″	° ′ ″	″	° ′ ″	° ′ ″	° ′ ″	

实验七　竖直角观测

一、目的与要求

（1）了解经纬仪或全站仪竖盘构造、竖盘注记形式，理解竖盘、竖盘读数指标与自动归零装置之间的关系。

（2）能够正确判断出所使用经纬仪或全站仪竖直角计算的公式。

（3）掌握竖直角观测、记录和计算的方法。

二、学时与设备

（1）实验学时：2 学时，每小组 2～4 人。

（2）实验设备与工具：经纬仪或全站仪 1 台、三脚架 1 个、记录板 1 块、铅笔 1 支。

三、方法与步骤

1. 竖盘构造

竖盘装置是用来观测竖直角的。传统的竖盘装置包括竖直度盘、指标水准管和指标水准管微动螺旋三个部分。目前生产的经纬仪不再有指标水准管和指标水准管微动螺旋，而是由竖盘指标自动归零装置代替其功能。

竖盘固定在望远镜旋转轴的一端，随望远镜一起绕横轴转动。竖盘读数用的指标装置和自动归零装置固连在一起，不随望远镜一起转动。每次观测竖直角时，必须将竖盘指标自动归零装置开关打开，然后才能读数。

竖盘注记分为顺时针注记和逆时针注记两种，野外操作时可在盘左状态将望远镜物镜抬高看度盘读数变化来判断注记方式，读数变小为顺时针，反之为逆时针。

2. 竖直角观测

（1）在各组给定的测站点上安置经纬仪，对中、整平。

（2）上下转动望远镜，观察竖盘读数的变化规律，确定出竖直角的计算公式，在记录表格备注栏内注明。本实验教程所用仪器竖盘为顺时针注记，图 2.28 所示为顺时针注记度盘。

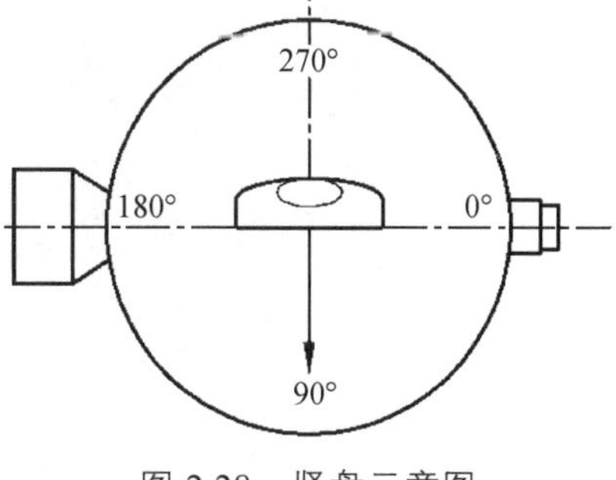

图 2.28　竖盘示意图

（3）选定远处一明显标志，如水塔、楼房上的避雷针、天线等或竖立的觇标、水准尺某整刻度处。

（4）用望远镜盘左位置瞄准目标，用十字丝横丝中丝切于目标照准位置。

（5）转动竖盘指标水准管微倾螺旋，使竖盘指标水准管气泡居中；有竖盘指标自动归零装置的光学经纬仪无此步骤，打开自动归零装置即可。

（6）读取竖盘读数 L，在记录表格中记录并计算盘左上半测回竖直角 $\alpha_{左}=90°-L$。

（7）再用望远镜盘右位置瞄准同一目标，同法进行观测，读取竖盘读数 R，记录并计算盘右下半测回竖直角 $\alpha_{右}=R-270°$。

（8）计算竖盘指标差 $x=\dfrac{\alpha_{右}-\alpha_{左}}{2}=\dfrac{L+R-360°}{2}$，计算上、下半测回竖直角的平均值 $\alpha=\dfrac{1}{2}(\alpha_{左}+\alpha_{右})$，即一测回竖直角。

竖直角观测

（9）同法进行第二测回的观测。检查各测回指标差互差及竖直角的互差（限差 ±25″）是否满足要求。如在限差要求之内，则可计算同一目标各测回竖直角的平均值。

四、注意事项

（1）如果光学经纬仪竖盘注记形式不相同，则竖直角计算公式不同。在盘左位置，若望远镜上仰竖盘读数增大，则竖直角计算公式为 $\alpha_{左}=L-90°$，$\alpha_{右}=270°-R$；反之，若望远镜上仰竖盘读数减小，则竖直角计算公式为 $\alpha_{左}=90°-L$，$\alpha_{右}=R-270°$。

（2）指标差偏离的方向与竖盘注记方向一致时，取正号；反之，取负号。计算公式为 $x=\dfrac{L+R-360°}{2}$。一测回竖角计算公式为 $\alpha=\dfrac{1}{2}(\alpha_{左}+\alpha_{右})$。

（3）观测过程中，对同一目标应用十字丝中丝切准同一高度。

（4）计算竖直角和指标差时，应注意正、负号。

五、实验成果（表 2.15）

表 2.15 竖直角观测记录表

仪器 ________　天气 ________　班级 ________　观测者 ________

成像 ________　日期 ________　小组 ________　记录者 ________

测站	目标	竖盘位置	竖盘读数	半测回竖直角	指标差	一测回竖直角	备注
			° ′ ″	° ′ ″	′ ″	° ′ ″	
		左					
		右					
		左					
		右					
		左					
		右					
		左					
		右					
		左					
		右					
		左					
		右					
		左					
		右					
		左					
		右					
		左					
		右					
		左					
		右					

实验八　经纬仪的检验与校正

一、目的与要求

（1）熟悉经纬仪各轴线间的几何关系。

（2）掌握经纬仪检验、校正的基本方法。

二、学时与设备

（1）实习学时：4 学时，每小组 2～4 人。

（2）实验设备与工具：经纬仪 1 台、三脚架 1 个、校正针 1 根、小螺丝刀 1 把、记录板 1 块、铅笔 1 支。

三、方法与步骤

（一）轴线关系

安置仪器，了解经纬仪主要轴线及其相互关系（图 2.29）。

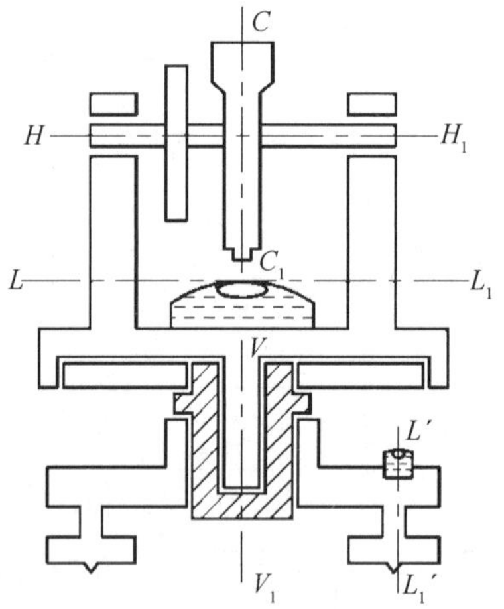

VV_1—竖轴；HH_1—横轴；LL_1—水准管轴；CC_1—视准轴；$L'L_1'$—圆水准器轴。

图 2.29　经纬仪主要轴线

经纬仪应满足的轴线关系：

（1）$LL_1 \perp VV_1$。

（2）$L'L_1' \parallel VV_1$。

（3）$CC_1 \perp HH_1$。

（4）$HH_1 \perp VV_1$。

（二）经纬仪的检验与校正

1. 照准部水准管轴垂直于仪器竖轴的检验与校正（$LL_1 \perp VV_1$）

（1）检验：

① 将经纬仪大致整平，并使水准管平行于一对脚螺旋连线，旋转脚螺旋将水准管气泡居中。

② 照准部旋转 180°，气泡仍应居中，否则须校正（如偏差在一格以内可不校正）。

（2）校正：

① 旋转脚螺旋，使气泡向水准管中心移动偏离量的一半。

② 用校正针拨动水准管一端的校正螺旋，使气泡居中。

③ 反复检验校正，直到水平度盘转至任何位置，气泡均居中。

水准管检校

2. 圆水准器的检验与校正（$L'L'_1 \parallel VV_1$）

（1）检验：在照准部水准管轴垂直于仪器竖轴检校完成后，用水准管精确整平仪器，观察圆水准器气泡是否居中，不居中则需要校正。

（2）校正：用校正针旋转圆水准器底部三颗校正螺丝，使气泡居中即可。

3. 望远镜十字丝竖丝垂直于仪器横轴的检验与校正

（1）检验：

① 用十字丝竖丝一端对准一明显目标，制动水平度盘和竖直度盘。

② 用竖直微动螺旋上下移动望远镜，目标成像应始终在竖丝上，否则说明竖丝不铅直，必须进行校正。

（2）校正：

如图 2.30 所示，卸下十字丝分划板外罩，松开四个固定螺丝，转动十字丝环使竖丝竖直。当上下移动望远镜，目标成像始终落在竖丝上时，旋紧固定螺旋，校正工作完成。

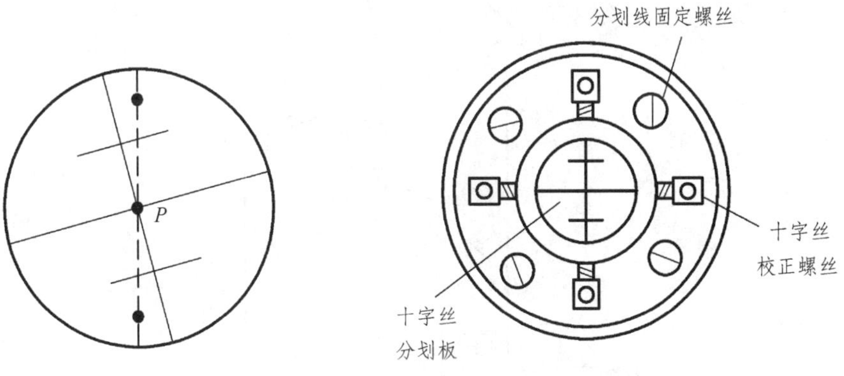

（a）　　　　（b）

图 2.30　十字丝竖丝垂直于横轴的检验与校正

4. 望远镜视准轴垂直于仪器横轴的检验与校正（$CC_1 \perp HH_1$）

（1）检验：

如图 2.31 所示，在一平坦场地，确定一条直线 AOB，安置仪器于 O 点。横置一有毫米分划的小尺于 B 点外（OB 长应大于 10 m），A 点设一照准标志。

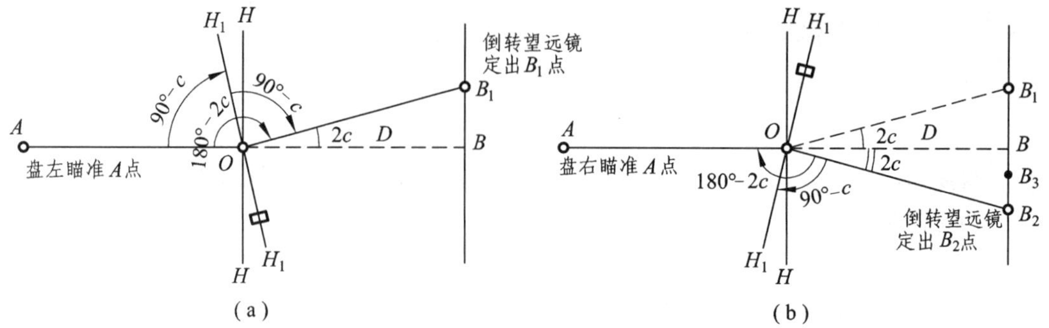

图 2.31　视准轴的检验

① 盘左位置照准 A 点，绕横轴纵转望远镜，在 B 点横置小尺上以竖丝读数，得 B_1 点，如图 2.31（a）所示。

② 盘右位置照准 A 点，绕横轴纵转望远镜，在 B 点横置小尺上以竖丝读数，得 B_2 点，如图 2.31（b）所示。

③ B_1 与 B_2 如果重合，则视准轴垂直于横轴，否则说明视准轴不垂直于横轴。在采用盘左盘右读数取中数的观测方法时，视准轴不垂直于横轴，对水平角的影响可以消除。但是视准轴误差过大，会带来计算不便，因此应该校正。

（2）校正：

① 在 B_1 与 B_2 之间找一点 B_3，使 $B_2B_3=\dfrac{1}{4}B_1B_2$。

② 用校正针转动十字丝校正螺丝，直到十字丝交点与 B_3 重合为止。

5. 横轴垂直于仪器竖轴的检验（$HH_1 \perp VV_1$）

在实验场地找一墙面，并在高处定一点 P，在距墙面约 30 m 处架设仪器，如图 2.32 所示。

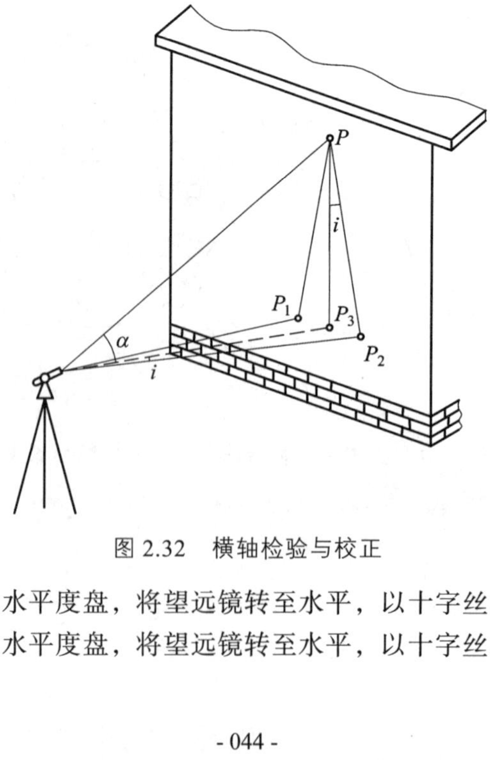

图 2.32　横轴检验与校正

① 盘左瞄准 P，制动水平度盘，将望远镜转至水平，以十字丝中心在墙上定一点 P_1。

② 盘右瞄准 P，制动水平度盘，将望远镜转至水平，以十字丝中心在墙上定一点 P_2。

③ P_1 与 P_2 如果重合，则横轴垂直于纵轴，否则两者关系不正确。

横轴不垂直于竖轴误差较大时，应该进行校正。相对其他的校正工作而言，这一项校正较为复杂，一般由专业仪器人员完成。

6. 指标差的检验与校正

（1）检验：对一大致水平的目标，竖直角观测一测回，求出指标差 x。若 $|x|>1'$，则须进行校正。

（2）校正：仪器位置不动，仍以盘右瞄准原目标；转动竖盘指标水准管微动螺旋，将原竖盘读数尺调整至正确读数 $R_{正}=R-x$；用校正针拨动竖盘水准管校正螺丝，使指标水准管气泡居中。

重复以上步骤，直至 $|x|<1'$。

对于有竖盘指标自动归零装置的经纬仪，其指标差 x 的检验方法同上，校正方法则不同。校正时，视线仍瞄准原来的目标，打开支架上校正窗口的盖板可看到两个校正螺丝，旋松一个，旋紧另一个，使竖盘读数调整至正确读数 $R_{正}$。

四、注意事项

（1）校正工作必须按本实验顺序逐一进行，先后顺序不可随意颠倒。

（2）旋动校正螺旋时，应注意先松一个，再紧对方的另一个，每步校正完毕后，校正螺旋应适当旋紧。

（3）在墙上跑点或选择目标时，均应使目标尽量细小，以减少照准误差。

五、实验成果（表 2.16）

表 2.16　经纬仪检验与校正记录表

仪器 ＿＿＿＿＿　　班组 ＿＿＿＿＿　　观测者 ＿＿＿＿＿　　记录者 ＿＿＿＿＿

1. 水准管轴⊥竖轴的检校

度盘旋转 180°次数	气泡偏离格数
1	
2	
3	
4	

2. 十字丝纵丝⊥横轴的检校

检验次数	误差是否显著
1	
2	
3	
4	

3. 视准轴⊥横轴的检校

检验次数	B_1、B_2 距离/mm
1	
2	
3	
4	

4. 横轴⊥纵轴的检校

检验次数	P_1、P_2 距离/mm
1	
2	
3	
4	

5. 竖盘指标差的检校

检验次数	目标	竖盘位置	竖盘读数	指标差	一测回竖直角	备注
			° ′ ″	′ ″	° ′ ″	
1		左				
		右				
2		左				
		右				
3		左				
		右				
4		左				
		右				

实验九　电磁波测距

一、目的与要求

（1）掌握全站仪的模式设置。

（2）掌握全站仪测量距离的操作方法。

二、学时与设备

（1）实验学时：4 学时，每小组 2 人。

（2）实验设备与工具：全站仪 1 台、棱镜 1 个、棱镜杆 1 个、三脚架 1 个、记录板 1 块、铅笔 1 支。

三、方法与步骤

指导老师安置好全站仪、棱镜，演示距离测量设置与测量方法，然后分组练习。本实验教程以南方 NTS362R 全站仪为例。

1. 距离测量设置

按操作键盘上 DIST 键，进入测距模式，界面显示如图 2.33 所示。此模式下有两个界面菜单（P1、P2），后一个界面主要用于施工放样，单纯测距使用前一个界面。各界面中软键功能见表 2.17。

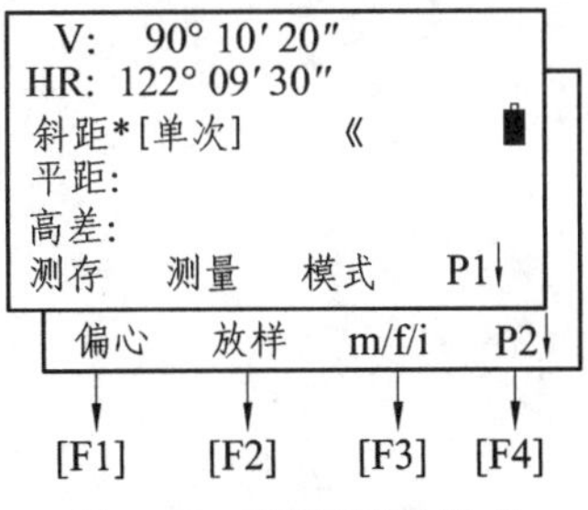

图 2.33　距离测量模式

表 2.17　测距模式功能键

页数	软键	显示符号	功能
第 1 页（P1）	F1	测存	启动距离测量，将测量数据记录到相对应的文件中（测量文件和坐标文件在数据采集功能中选定）
	F2	测量	启动距离测量
	F3	模式	设置测距模式：单次精测/N 次精测/重复精测/跟踪测量的转换
	F4	P1↓	显示第 2 页软键功能

续表

页数	软键	显示符号	功能
第 2 页（P2）	F1	偏心	偏心测量模式
	F2	放样	距离放样模式
	F3	m/f/i	设置距离单位：米/英尺/英尺・英寸
	F4	P2↓	显示第 1 页软键功能

按[模式]键（F3），测量模式在“单次精测”“N 次精测”“重复精测”和“跟踪测量”四种模式之间切换。若采用 N 次精测模式，则输入测量次数后，仪器按设定的次数进行测量，并显示距离平均值。实际工作中要根据测距要求，设置合适的测距模式。

2. 距离测量

（1）在实验场地选取一点为测站点，架设仪器，对中整平。选择若干点作为观测点，立棱镜。

（2）设置反射体类型为棱镜，并检查或设置棱镜常数与当前棱镜一致。

（3）按[DIST]键进入距离测量模式。本实验选择单次精测。

（4）瞄准目标棱镜，按 F2 启动距离测量，即可显示仪器中心至棱镜之间的斜距 S、平距 D 和高差 h'，注意此高差为仪器横轴中心与棱镜中心之间的高差，若要求测站点与目标点的高差，需要量取仪器高 i 和棱镜高 v，则 $h=h'+i-v$。

四、注意事项

（1）测距显示的高差仅指横轴中心与目标棱镜之间的高差，而不是测点与测站之间的高差。

（2）利用棱镜杆立棱镜时，要让水准气泡在小圈内时测量。

五、实验成果（表 2.18）

表 2.18　距离测量记录表

班组：______________　　天　气：___________　　日　期：______ 年___月___日

仪器：______________　　观测员：____________　　记录员：_____________

测站 仪器高 测回	目标 棱镜高/m	平距/m		高差/m		备注
		读数	平均	读数	平均	

实验十　三角高程测量

一、目的与要求

（1）掌握视距测量公式。

（2）掌握利用光学经纬仪或全站仪进行三角高程测量的方法。

二、学时与设备

（1）实验学时：4 学时，每小组 2 ~ 4 人。

（2）实验设备与工具：经纬仪 1 台、脚架 1 个、塔尺或双面尺 1 把、记录板1块、小钢尺 1 把、计算器 1 个、铅笔 1 支。

三、方法与步骤

（1）在指导老师指定场地确定测站点 A 和目标 B 位置，在 A 点上架设经纬仪，对中整平，在 B 点立塔尺，如图 2.34 所示。

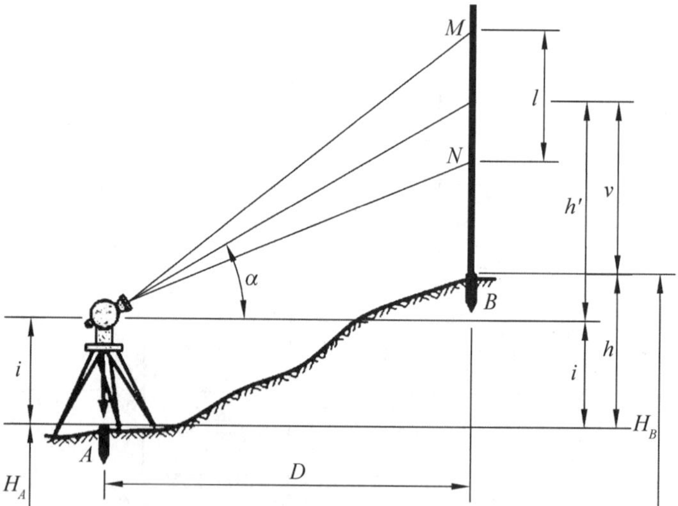

图 2.34　经纬仪三角高程测量原理

（2）量取仪器高。用小钢尺从地面点量到经纬仪的横轴位置，得到仪器高 i。

（3）测角与测距。以盘左（或盘右）位置，转动望远镜瞄准塔尺，读取上、中、下三丝读数 m、v、n 和竖盘读数 L，则上下丝读数差值的绝对值，即视距间隔 $l = m - n$。竖直度盘为顺时针注记时，竖直角 $\alpha = 90° - L$（盘右 $\alpha = R - 270°$）。

（4）计算。

测站点到测点的水平距离为 $D=100l\cos^2\alpha$ ，测站点和测点之间的高差为 $h_{AB}=D\tan\alpha+i-v$ ，则测点高程 $H_B=H_A+h_{AB}$ 。

计算工作可使用编程计算器完成，测站高程 H_A 和仪器高 i 在一个测站是一个常数，只需一次输入。测量时每次输入竖盘读数 L，上、中、下三丝读数 m、v、n，则自动计算出测站距测点的水平距离和测点高程。

四、注意事项

（1）实践中通常采用转动竖直微动螺旋，使下丝切准视距尺上一整分划值后，直接数出与上丝之间距离的方法，即直接确定 $l=m-n$ 值。这样的读数方法，作业效率更高。

（2）中丝读数和量仪器高取至厘米，上、下丝读数至毫米。

（3）使用光学经纬仪读竖盘读数时，要使竖盘指标自动归零装置处于打开状态，竖直角读数只需读到分即可。

五、实验成果（表 2.19）

表 2.19　经纬仪三角高程测量记录

仪器 ____________　　天气 ____________　　班组 ____________　　观测者 ____________

测站 ____________　　成像 ____________　　日期 ____________　　记录者 ____________

测站高程 H_0____________　　仪器高 i__________

测点	视距尺读数		视距间隔/m	竖直角		水平距离 D/m	高差 h/m	高程 H/m	备注
	上丝/m 下丝/m	中丝读数/m		竖盘读数/(° ′)	竖直角/(° ′)				

实验十一　一（二）级导线测量

一、目的与要求

（1）掌握导线测量的外业实施过程、观测记录方法及技术要求。

（2）掌握导线内业计算的方法与步骤。

二、学时与设备

（1）实验时数：4 学时，每组 4 ~ 5 人。

（2）实验设备：全站仪 1 台、三脚架 3 个、棱镜 2 个、记录板 1 块、外业和内业记录表若干。

三、方法与步骤

1. 踏勘与选点

各小组根据指导老师的要求选择导线布设形式，踏勘导线场地，确定各导线点和导线线路，决定施测方案。选点时应注意：

（1）相邻导线点间必须通视良好，便于角度和距离测量。

（2）点位选择应适于安置仪器，而且地势高、视野开阔，以便于测绘地形。

（3）相邻边长不能相差太大（一般要求长边与短边比值不超过 3∶1）。

（4）点位分布均匀，便于控制整个测区，进行碎部测量。

导线点位选定后，根据现场条件，用木桩、混凝土标石、大铁钉或记号笔等标记点位。导线点应统一编号。导线点选定后，为便于在观测和使用时寻找，应绘制控制点的“点之记”，控制点的点位略图如图 2.35 所示。图上注记导线点编号、地名、路名、单位名，并量出导线点至邻近若干地物特征点的距离（以米为单位）。

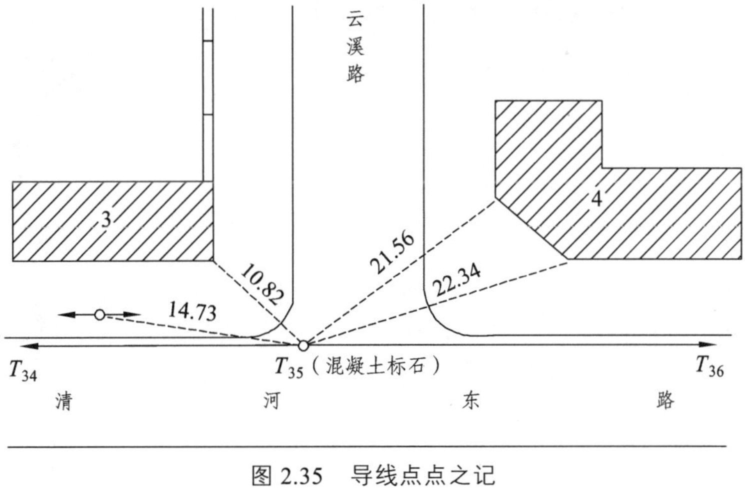

图 2.35　导线点点之记

2. 外业观测

外业观测包括角度测量和边长测量。角度测量是在导线点上测量连接角和转折角。根据技术规定：一级导线测 2 个测回，二级导线测 1 个测回。导线的边长测量采用全站仪电磁波测距的方式施测，一个导线边测距 4 次，较差应小于 5 mm，取均值作为导线边长。具体操作步骤参考实验六和实验九。

城市一、二级导线测量的技术要求见表 2.20。

表 2.20 城市一、二级导线测量的技术要求

等级	导线长度/km	平均边长/km	测角中误差/(″)	测距中误差/mm	测距相对中误差	测回数			方位角闭合差/(″)	导线全长相对闭合差
						1″级仪器	2″级仪器	6″级仪器		
一级	4	0.5	5	15	1/30 000	—	2	4	$10\sqrt{n}$	1/15 000
二级	2.4	0.25	8	15	1/14 000	—	1	3	$16\sqrt{n}$	1/10 000

3. 内业计算

外业观测完成后，应对外业观测数据进行检查，确认每测站的观测、记录和计算均正确无误，汇总观测数据，绘制导线略图，计算角度闭合差并检核，根据已知坐标推算出已知起算方位角，将起算数据和观测数据填入导线内业计算表中，完成导线点坐标的推算。

四、注意事项

（1）本实验综合运用了之前进行的角度测量和电磁波测距实验，实验前需认真复习相关知识。

（2）本实验需要小组成员协作完成，实验前组长应召集小组成员充分讨论和分工。

（3）外业观测时仪器不离人，更不能在仪器旁打闹；在马路上测量时，注意车辆与行人，靠边安置仪器。

（4）观测、记录应符合规范要求，测站误差超限应重测，数据检查无误方可迁站。

五、实验成果（导线略图及表 2.21、表 2.22）

导线略图

表 2.21　全站仪导线测量记录表

日期：_______ 年___月___日　　　　测站：________________　　　　仪器：_______________

观测员：__________________　　　　记录员：______________

<table>
<tr><td rowspan="3">觇点</td><td colspan="2">读数</td><td rowspan="2">2c</td><td rowspan="2">半测回
方向</td><td rowspan="2">一测回方向</td><td rowspan="2">各测回平均
方向</td><td rowspan="3">附注</td></tr>
<tr><td>盘左</td><td>盘右</td></tr>
<tr><td>° ′ ″</td><td>° ′ ″</td><td>″</td><td>° ′ ″</td><td>° ′ ″</td><td>° ′ ″</td></tr>
<tr><td rowspan="2"></td><td rowspan="2"></td><td rowspan="2"></td><td rowspan="2"></td><td></td><td rowspan="2"></td><td rowspan="2"></td><td rowspan="2"></td></tr>
<tr><td></td></tr>
<tr><td rowspan="2"></td><td rowspan="2"></td><td rowspan="2"></td><td rowspan="2"></td><td></td><td rowspan="2"></td><td rowspan="2"></td><td rowspan="2"></td></tr>
<tr><td></td></tr>
<tr><td rowspan="2"></td><td rowspan="2"></td><td rowspan="2"></td><td rowspan="2"></td><td></td><td rowspan="2"></td><td rowspan="2"></td><td rowspan="2"></td></tr>
<tr><td></td></tr>
<tr><td rowspan="2"></td><td rowspan="2"></td><td rowspan="2"></td><td rowspan="2"></td><td></td><td rowspan="2"></td><td rowspan="2"></td><td rowspan="2"></td></tr>
<tr><td></td></tr>
<tr><td rowspan="2"></td><td rowspan="2"></td><td rowspan="2"></td><td rowspan="2"></td><td></td><td rowspan="2"></td><td rowspan="2"></td><td rowspan="2"></td></tr>
<tr><td></td></tr>
<tr><td rowspan="2"></td><td rowspan="2"></td><td rowspan="2"></td><td rowspan="2"></td><td></td><td rowspan="2"></td><td rowspan="2"></td><td rowspan="2"></td></tr>
<tr><td></td></tr>
</table>

<table>
<tr><td>边长</td><td colspan="2">平距观测值/m</td><td>平距
中数</td><td>边长</td><td colspan="2">平距观测值/m</td><td>平距
中数</td></tr>
<tr><td rowspan="4">—</td><td>1</td><td></td><td rowspan="4"></td><td rowspan="4">—</td><td>1</td><td></td><td rowspan="4"></td></tr>
<tr><td>2</td><td></td><td>2</td><td></td></tr>
<tr><td>3</td><td></td><td>3</td><td></td></tr>
<tr><td>4</td><td></td><td>4</td><td></td></tr>
</table>

表 2.22　导线坐标计算表

日期：______年___月___日　　　　　　　　　　计算者：______________

点　号	观测角 /(° ′ ″)	改正后角 /(° ′ ″)	坐标方位角 /(° ′ ″)	边　长 /m	坐标增量		改正后坐标增量		坐　标	
					Δx	Δy	Δx	Δy	X	Y
Σ										
计算式与检核：										

实验十二　地形图测绘

一、目的与要求

（1）掌握经纬仪视距测量方法和全站仪碎部点坐标数据采集方法。

（2）掌握控制点展绘方法和利用经纬仪进行碎部测量的方法。

（3）进一步熟悉全站仪的功能与操作。

（4）熟悉全站仪数字化测图的基本作业过程。

二、学时与设备

（1）实验学时：4 学时，每组 4 ~ 6 人。

（2）实验设备与工具：经纬仪或全站仪 1 台、脚架 1 个、水准尺（塔尺）2 根、30 cm 半圆仪 1 个、绘图板 1 个、编程计算器 1 个、皮尺 1 把、小钢尺 1 把、聚酯薄膜 1 张、大头针 2 个、铅笔 1 支、橡皮 1 块。

三、方法与步骤

（一）经纬仪碎部点测量

1. 图纸准备

（1）绘制坐标格网。

测量绘图用聚酯薄膜已印制了坐标格网。若采用空白薄膜自绘方格网，请参考《测量学》教材中第八章第二节相关内容。

（2）展绘控制点。

① 根据任务区域，将坐标网格的坐标标注到内外图廓之间。

② 首先根据控制点的坐标确定控制点所在的小方格；以方格的西南（左下）角点及东南（右下）角点为起点，分别铅直向上量取纵向坐标增量，并在小方格的东西两条边线上截点；再以小方格的西南角点及西北角点为起点，水平向右量取横向坐标增量，并在小方格的南北两条边线上截点。

③ 以直线连接对应截点，两条相互垂直的直线交点即为要展绘控制点的位置。

④ 在控制点右侧，按图式要求，标明控制点的名称及高程，如图 2.36 所示。

⑤ 控制点展绘完成后，将展有控制点的聚酯薄膜用胶带纸固定在绘图板上。

2. 碎部点测量

（1）仪器的安置与定向。

① 在控制点 A 上安置（对中、整平）经纬仪，量取仪器高 i。

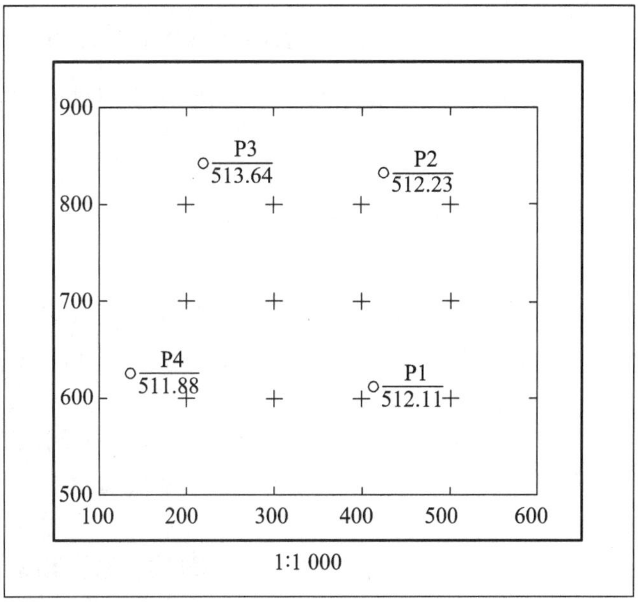

图 2.36　控制点展绘

② 望远镜盘左照准控制点 B 进行定向，如图 2.37 所示，水平度盘读数配置为 0°00′00″，即以 AB 方向作为水平角的始方向（零方向）。

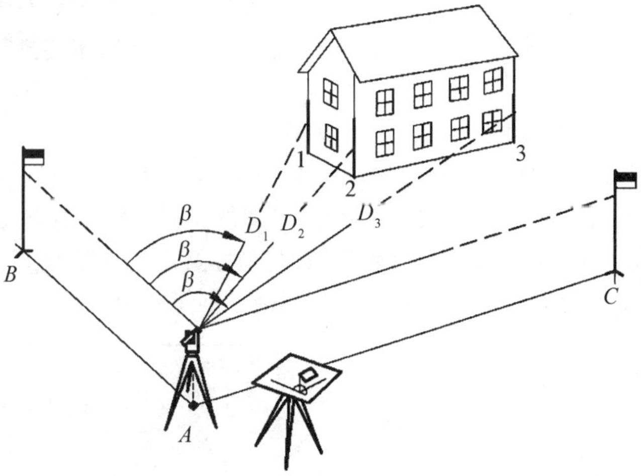

图 2.37　经纬仪测绘法

（2）碎部点测量与刺点绘图。

① 在图上绘出 AB 方向线，将小针穿过半圆仪（大量角器）的圆心小孔，扎入图上已展出的 A 点。

② 经纬仪盘左照准控制点 C，读出水平度盘读数，该方向值即为∠BAC。用半圆仪在图上量取∠BAC，对两个角度进行对比，进行测站检查。

③ 立尺员按事先商定的测点顺序依次在碎部点上立尺。

④ 经纬仪盘左照准各碎部点上的标尺，读取水平度盘读数 β、视距 l（方法是采用转动竖直微动螺旋，使下丝切准标尺上一整分划值后，直接数出与上丝之间的视距间隔，算出视距）、竖盘读数 L、中丝在标尺上的照准高度 v，并报给记录员。

⑤ 记录员用编程计算器，按公式 $H=H_A+\frac{1}{2}kl\sin 2\alpha+i-v$ 、$D=kl\cos^2\alpha$ 计算出碎部点的高程 H、测站到碎部点的水平距离 D，并按水平角度值 β、水平距离 D、碎部点高程 H 的报数顺序，报给绘图员。

⑥ 绘图员将半圆仪上 β 角度值分划线对准图上的 AB 方向线，则半圆仪直径边缘就指向碎部点方向。在该方向上根据所测距离按测图比例刺出碎部点，并在点的右侧标注高程。高程注记至厘米，字头朝北。

注意：半圆仪用黑红两色注记，分别标注 0°～180°和 180°～360°范围分划值，在半圆仪直尺边圆心两端也分别以黑红注记。量角刺点时要注意，β 在 0°～180°范围时，在直尺边黑色注记一侧刺点，反之在红色注记一侧刺点。

⑦ 根据观察到的实际地形，连接所测地形特征点（碎部点）绘制地形图。

⑧ 如果一站观测时较长，中间应重新瞄准起始方向检查度盘读数是否有变化，若方向读数偏差较大，应重新定向。

⑨ 当一个测站的工作结束后，必须仔细检查，在确认地物、地貌无测错或测漏时才可迁站。

（二）全站仪碎部点数据采集

1. 全站仪安置与文件设置

全站仪（以南方 NTS362R 全站仪为例）安置方法与经纬仪一样，首先在一已知点上安置仪器，对中整平、量取仪器高。不同之处在于，全站仪测量之前需要进行数据采集测量系统设置，其操作步骤如下：

（1）选择或新建测量与坐标文件。

碎部测量工作开始前首先要确定保存测量数据的文件、仪器采集的原始数据和由原始数据转换成的坐标数据，默认条件下分别用两个同名文件保存。测量数据文件以“.SMD”为后缀，存储坐标文件以“.SCD”为后缀。确定测量与坐标文件的步骤为：

① 开机后，按 MENU 键进入程序主菜单，如图 2.38（a）所示。

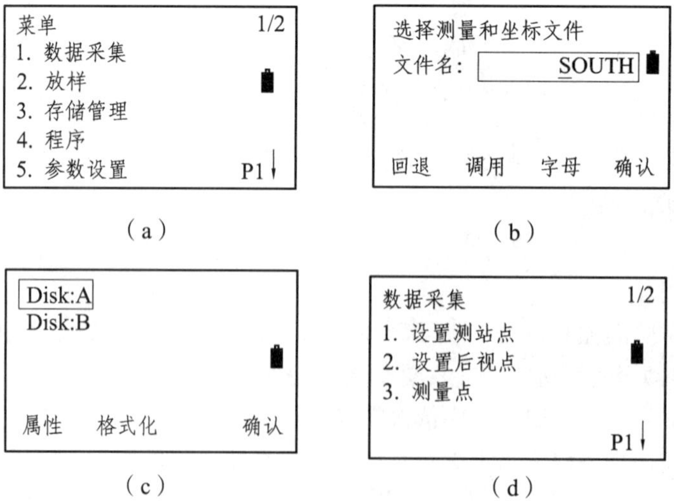

图 2.38　NTS362R 测量文件设置

② 选择 1 进入“选择测量和坐标文件”菜单，屏幕自动显示上次使用的文件名，可输入新建文件名按 F4 确认，屏幕显示数据采集界面，如图 2.38（d）所示。

③ 如果要选择已有测量与坐标文件，可通过下面两种方法进行操作：

· 在图 2.38（b）界面，直接输入已有测量文件名，按 F4（确认），显示屏转至数据采集界面[图 2.38（d）]。

· 在图 2.38（b）界面，按 F2（调用），显示屏转至磁盘选择界面图 2.38（c），其中，Disk：A 为仪器自身内存，Disk：B 为内存卡（若未插入内存卡，则只显示 Disk：A）。按▲和▼键，选择测量文件所在磁盘，并按 F4（确认），打开磁盘中已有数据文件列表。按▲和▼键，将光标移至要使用的文件名处，按[ENT]（回车）键确认，进入图 2.38（d）界面。

注意：此处文件列表中只显示以“.SMD”为后缀的测量数据文件，但选择确认后会同时选定同名存储的坐标文件。

（2）选择坐标调用文件。

测站点和后视点设置时可调用已知点坐标，此项设置为确定已知坐标所在文件。不做此项设置，则仪器默认为前一次调用坐标文件，若要确定新的坐标调用文件，必须重新设置。

注意：如果采用直接输入测站和定向点坐标的方法，也可不进行此项设置。另外，选择了测量数据文件，并不等于默认其为调用坐标文件。

选择坐标调用文件的操作步骤为：

① 由图 2.38（d）界面按 F4 翻页，进入图 2.39（a）界面。

② 按数字键 1，进入图 2.39（b）界面。

③ 按数字键 2，进入图 2.39（c）界面。

④ 输入文件名，按 F4 确认，如果文件已存在，则此文件被设置为调用坐标文件。也可按 F2（调用）进入磁盘选择界面，如图 2.39（d）所示，按▲和▼选择磁盘位置，按 F4（确认）进入坐标文件列表界面，如图 2.39（e）；按▲和▼选择要使用的存储坐标文件，按[ENT]（回车）确认，界面返回图 2.39（b）界面。

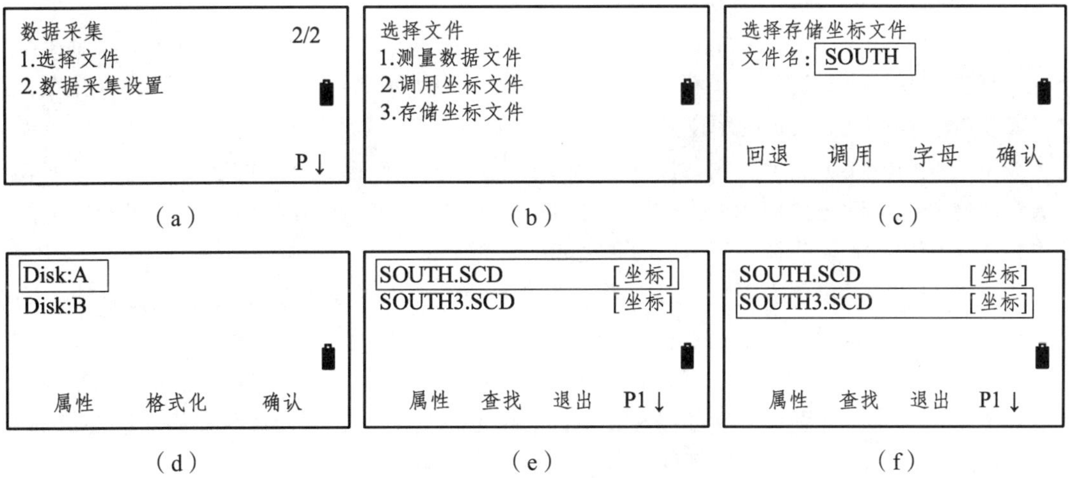

图 2.39 调用坐标文件设置

注意：在图 2.39（b）所示选择文件界面，还可以按数字键 1 和 3 来分别设置测量数据文件和存储坐标文件，设置方法与调用坐标文件设置相同。经此设置，测量数据文件和存储坐标文件可以是不同名文件。

（3）数据采集参数设置。

在图 2.39（a）所示界面，按数字键 2，进入数据采集设置菜单，共有 4 项选项，每项有 2 种选择，选项内容与功能见表 2.23。数据采集前可根据需要和个人习惯进行设置。此实验中，学生须在教师指导下进行操作。

表 2.23　数据采集参数设置

菜　单	选择项目	功能描述
1. 坐标自动转换	1. 开 2. 关	进行数据采集时，测量数据是否自动计算坐标数据并存入坐标文件
2. 数据采集顺序	1. 先编辑后采集 2. 先采集后编辑	设置数据采集和编辑的先后程序。 先编辑后采集：先设置点名、编码以及目标高后再进行数据采集； 先采集后编辑：数据采集后，允许用户对采集的点名、编码以及目标高进行编辑
3. 数据采集确认	1. 开 2. 关	数据采集后记录开关的设置。开：提示记录与否
4. 数据采集距离	1. 斜距和平距 2. 平距和高差	设置数据采集的显示内容

2. 测站点设置

（1）在图 2.38（d）界面选择 1 设置测站点，进入测站设置界面，如图 2.40（a）所示。

（2）按 F4 进入测站点设置界面，如图 2.40（b）所示。

（3）测站点可通过以下三种方法设定：

① 在图 2.40（b）所示界面，按 F1（输入）直接输入点名，再后按 F4 确认。仪器在调用坐标文件中查找该点，若该点不存在，则屏幕下方闪现提示“点名不存在”；若该点存在，则显示其坐标，如图 2.40（d）所示。

② 在图 2.40（b）所示界面，按 F2（调用）打开调用坐标文件中的已有坐标点号列表，按▲和▼将光标移动至要使用的点[或按 F2（查找）输入点名按 F4 确认，直接将光标定位至该点]，最后按[ENT]键确认，屏幕转至图 2.40（d）界面。

③ 若选择直接输入测站坐标数据，则可在图 2.40（b）界面按 F3（坐标）键，输入测站坐标后并确认，屏幕显示图 2.40（a）界面。

（4）输入或调用测站点名后确认，显示图 2.40（d）界面，选择“是”返回图 2.37（a）。按▲和▼键，将光标分别定位于编码和仪器高，按 F1（输入）将编码和仪器高对应的值输入，按 F4 确认，转至如图 2.40（f）所示界面。

（5）在图 2.40（f）界面，按 F3（记录）再次显示测站坐标，如图 2.40（d）所示。核对数据无误后，按 F4（是）测站设置完成，返回图 2.38（d）所示界面。

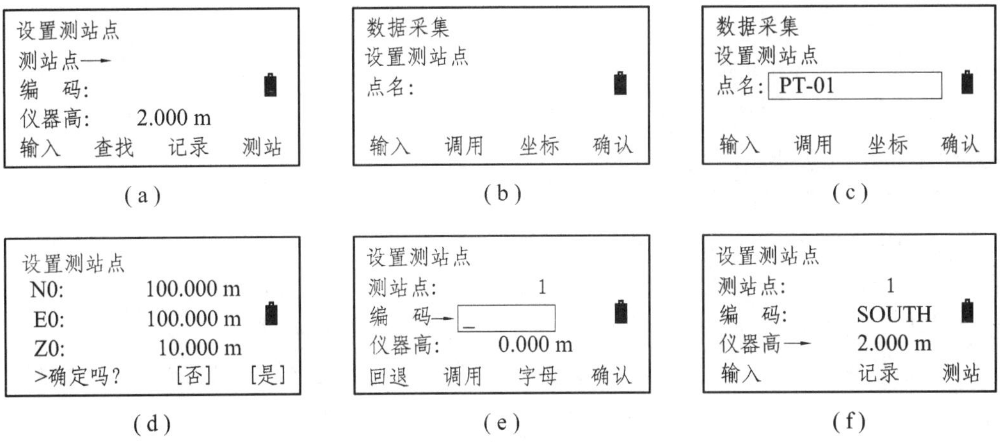

图 2.40　测站设置

3. 后视定向

（1）由图 2.38（d）界面选择 2 进行后视点设置。如图 2.41（a），屏幕显示上次后视点设置。

（2）按 F4（后视）进入图 2.41（b）界面，此界面下功能键 F1（输入）、F2（调用）、F3（NE/AZ）分别对应功能“输入点号查找并调用该点坐标”“打开调用坐标文件选择要使用的坐标数据”和“直接输入坐标”，操作与测站点设置相同。

（3）输入点名或调用后视点数据后确认，进入图 2.41（c）界面，显示后视点坐标等待确认。检查数据无误后，照准后视点，按 F4（是），显示屏跳回图 2.41（a）界面。如果直接输入后视点坐标后确认，则显示屏直接跳至图 2.41（a）界面。

（4）按 F1 分别输入编码和目标高并确认，进入图 2.41（d）界面。

（5）按 F3（测量）进入图 2.41（e）界面，F1、F2、F3 分别对应测量后视点角度、平距、坐标。

（6）按 F3 坐标，屏幕显示后视点坐标供检查，检查无误后按 F4 确认，完成后视定向，返回图 2.38（d）界面。

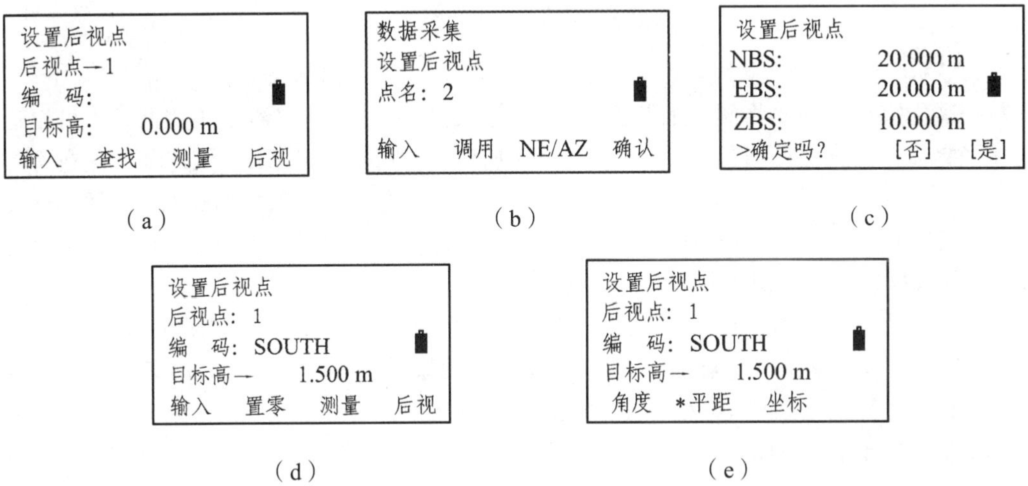

图 2.41　后视定向

4. 坐标数据采集

（1）由图 2.38（d）界面选择 3 进入数据采集界面，如图 2.42（a）所示。

（2）按 F1（输入），依次输入点号、编码、棱镜高[图 2.42（b）、（c）]并按 F4 确认，屏幕显示如图 2.42（d）所示。

（3）按 F3（测量）进入图 2.42（e）所示界面。

（4）照准目标，首先按 F2（*平距），屏幕显示如图 2.42（f），显示所测距离与高差以供检查，按 F4（是）数据被保存，屏幕返回如图 2.42（d）所示界面，点名自动+1。如果下一点测量内容与前一点相同，可按 F4（同前）直接完成测量并保存数据。

（5）如果选择 F3（坐标），则界面[图 2.42（f）]显示测点坐标，但数据文件中保存的内容相同。

（6）全站仪观测速度很快，因此实验作业方法为一人观测，两人立棱镜，两人跟随棱镜记录。记录人员通过绘制草图来记录测点的位置、相互间关联关系和属性，事后将观测数据导入计算机编绘成图。草图上每个碎部点要标注点号，点号由观测员报给记录员。

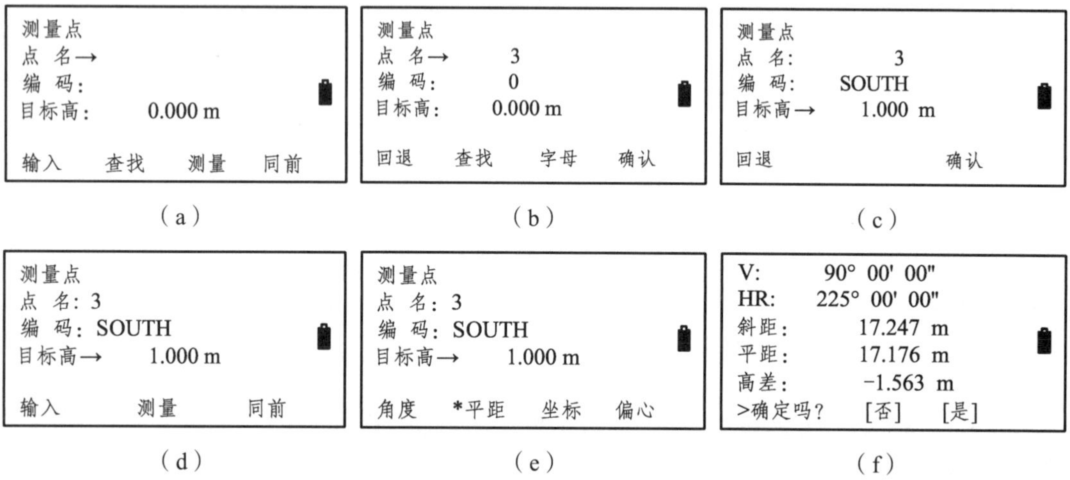

图 2.42　数据采集

5. 数据导出

数据采集完后，需要将测量的数据传出以便进行后续处理。仪器中的数据导出可以通过两种途径完成：一种是用通信电缆连接仪器与电脑，将数据传至电脑，但这种方法在野外操作不方便；另一种是利用 NTS362R 支持 SD 储存卡的特点将仪器采集的数据导出到 SD 储存卡中。使用 SD 储存卡可以随时随地进行数据导出操作，方便性远优于通信电缆方式。因此本实验以 SD 卡导出数据，操作如下：

（1）在主菜单，如图 2.38（a），按数字键 3，进入存储管理菜单，如图 2.43（a）所示。

（2）按数字键 4（文件导出），屏幕显示文件导出菜单，如图 2.43（b）；若要通过 SD 卡将已知坐标文件导入全站仪，则此步选择 3（文件导入）。

（3）按数字键 2（坐标文件导出），屏幕显示如图 2.43（c）所示。

（4）输入要导出的坐标文件名，按 F4 确认或按 F2（调用），进入坐标文件列表，选择要导出的文件，按[ENT]确认，屏幕显示发送格式菜单，如图 2.43（d）所示。

（5）按数字键 1（300 格式），此格式为 Cass 软件系统支持的格式，屏幕显示如图 2.43（e）所示。

（6）输入要保存到 SD 卡上的坐标数据文件名，按 F4 确认进行数据导出，导出过程如图 2.40（f）所示。

（7）导出完毕后，屏幕返回到图 2.43（b）所示文件导出菜单。

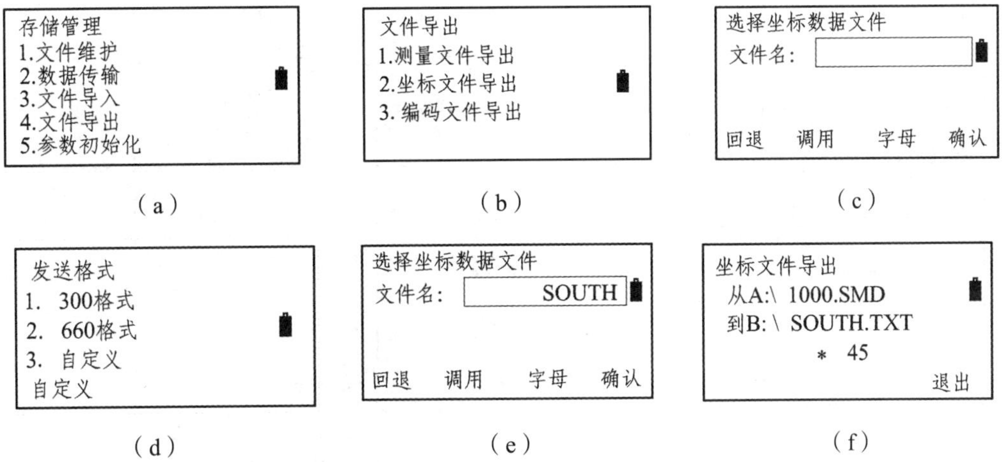

图 2.43　数据导出

四、注意事项

（1）测图比例尺可根据专业需要自行选定。

（2）控制点展绘完毕后，应进行检查，用比例尺量出图上相邻控制点之间的距离，与已知坐标反算距离相比较，差值应不大于图上 0.3 mm 所表示的距离，如果超过应重新展点。

（3）绘图员在一测站开始观测前，应巡视周围的地形，布置测点顺序，测点顺序应以便于绘图员绘图为准。

（4）经纬仪测图时，所测地物、地貌要求应在现场绘制完成，在复杂及较隐蔽的地方，绘图员可能看不清楚所测内容，这需要观测员和立尺员积极配合，必要时绘图员可到立尺处实地观察。

（5）数据采集参数设置，请在老师指导下进行。

五、实验成果（表 2.24 及全站仪碎部点采集草图）

表 2.24　碎部测量记录表

日期：______年___月___日　　　班级：_______　小组：_______　　　记录者：___________

测站：______　后视点：_________　　　仪器高 i：_________________　　　测站高程：_________

观测点	视距间隔/m	中丝读数/m	竖盘度数/(° ′ ″)	竖直角/(° ′ ″)	高差/m	水平角/(° ′ ″)	平距/m	高程/m	备注

全站仪碎部点数据采集草图

日期：_____年___月___日　　　　班级：______　小组：______　　绘图员：________

实验十三　角度与距离测设

一、目的与要求

（1）掌握角度测设方法。

（2）掌握距离测设方法。

二、学时与设备

（1）实验学时：4 学时，每组 4 人。

（2）实验设备与工具：全站仪 1 台、脚架 1 个、棱镜 1 个、棱镜杆 1 个、小钉子若干、记号笔 1 支。

三、测设方法与步骤

1. 测设水平角

1）正倒镜法测设水平角

如图 2.44 所示，设 OA 为地面已有方向，欲测设水平角 β。

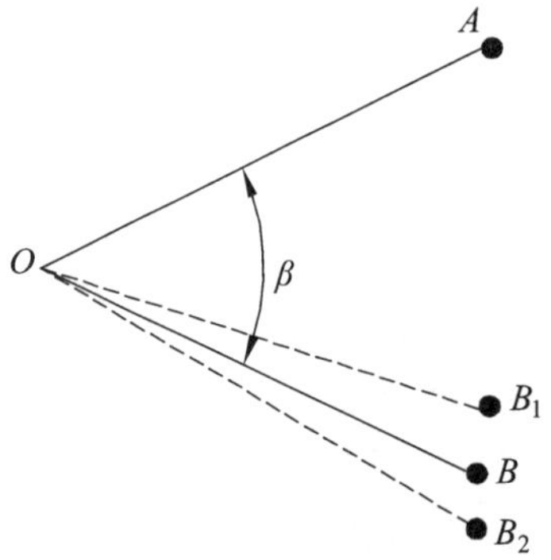

图 2.44　水平角测设的一般方法

（1）在 O 点安置经纬仪。

（2）盘左，瞄准 A 点，配置水平度盘读数为 0°00′00″。

（3）转动照准部，使水平度盘读数正好为 β 值，指挥立杆人员左右移动使棱镜杆与竖丝重合，定出方向点 B_1。

（4）盘右，瞄准 A 点，读取水平角 $A_{右}$，然后旋转照准部使用水平角显示为 $A_{右}+\beta$，利用竖丝，定出方向点 B_2。

（5）取 B_1 和 B_2 中点 B，则即为测设角 β。

（6）检核：利用测回法测水平角 $\angle AOB$，与 β 角对比，以检验测设精度。

2）精确测设已知水平角

如图 2.45 所示，首先按前述方法测设出已知水平角 β，定出 B' 点。

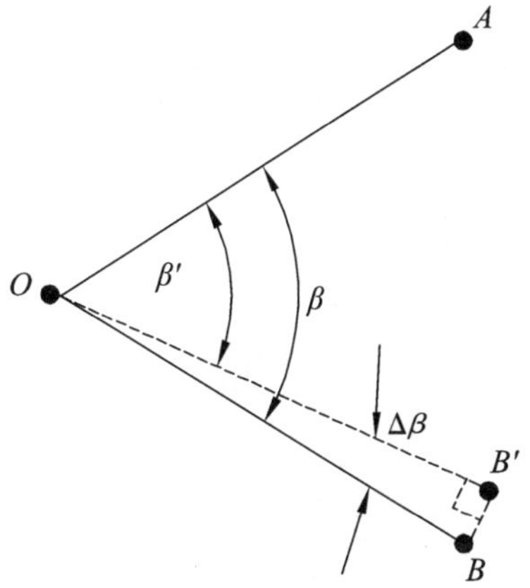

图 2.45　精确测试水平角

（1）按照测回法（测回数由精度要求决定）精确地测定 $\angle AOB'$，即 β'，并测量出水平距离 OB'。

（2）利用公式 $B'B = \dfrac{\Delta\beta}{\rho} \cdot OB' = \dfrac{\beta - \beta'}{206\,265''} \cdot OB'$ 计算 $B'B$。

（3）从 B' 沿 OB' 垂直方向量距 $B'B$，定出点 B，则 $\angle AOB$ 为 β 角。

（4）检核：按照测回法重新测量 $\angle AOB$，与 β 角对比。

2. 测设水平距离

（1）如图 2.46 所示，将全站仪置于 A 点，棱镜沿已知方向移动，当仪器显示距离大致等于 D 时，定出 B' 点。

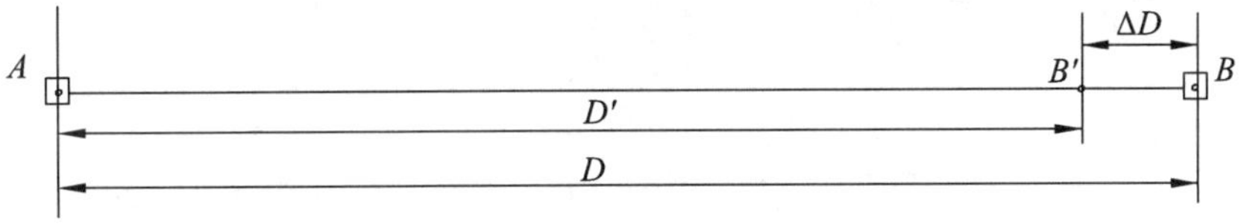

图 2.46　测设水平距离

（2）测出 AB' 的水平距离 D'。

（3）计算 D' 与 D 之间的改正数 $\Delta D = D - D'$。

（4）在实地沿已知方向用钢尺由 B' 点量 ΔD，定出 B 点，得 AB 距离即测设距离 D。

（5）检核：实测 AB 间距离，与 D 比较。

四、注意事项

（1）在无论是起始方向还是设计方向的瞄准均尽可能瞄目标底部，减小目标偏心误差。

（2）当测设距离大于 100 m 时，可以采用对向测距结果作为实测距离检核测设精度。

五、实验成果（表 2.25、表 2.26）

表 2.25　角度测设

仪器 ＿＿＿＿＿＿　天气 ＿＿＿＿＿＿　班组 ＿＿＿＿＿＿　观测者 ＿＿＿＿＿＿

测站 ＿＿＿＿＿＿　成像 ＿＿＿＿＿＿　日期 ＿＿＿＿＿＿　记录者 ＿＿＿＿＿＿

测回	测站	方向	半测回角值 /(° ′ ″)	一测回角值 /(° ′ ″)	角度平均值 /(° ′ ″)	测设角值 /(° ′ ″)	偏差 /(″)
1	*O*	*A*					
		B					

表 2.26　测设水平距离

仪器 ____________ 天气 ____________ 班组 ____________ 观测者 ____________

测站 ____________ 成像 ____________ 日期 ____________ 记录者 ____________

测站点	目标点	*AB′*水平距离 *D′* /m	改正数 Δ*D* /mm	实测距离 /m	测设距离 /m	较差 /mm
A	*B*					

实验十四　平面位置测设

一、目的与要求

掌握极坐标法测设点平面位置的方法。

二、学时与设备

（1）实验学时：2 学时，每组 4 ~ 5 人。

（2）实验设备与工具：全站仪 1 台、脚架 1 个、棱镜 1 个、棱镜杆 1 个、小钉数个、铅笔 1 支。

三、方法与步骤

（1）布置场地。在实验场地指定 A、B 两已知点，其中 A 为测站点，B 为定向点，两点及测设点 P_1、P_2、…、P_n 设计坐标数坐标由指导老师给定，如图 2.47 所示。

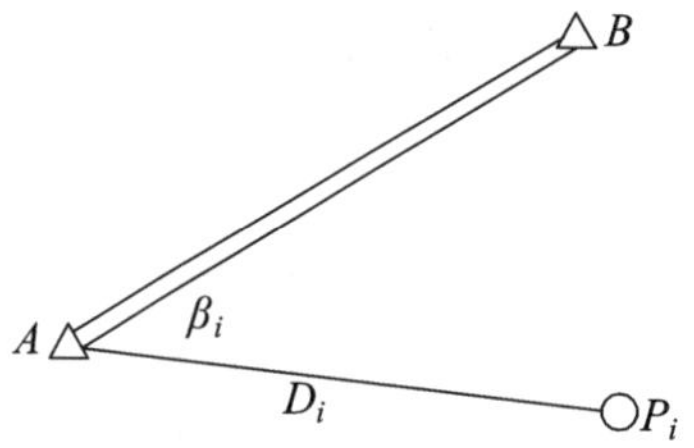

图 2.47　点位测设

（2）计算测设数据。根据坐标反算公式计算 A、P_i 间的坐标方位角 α_{AP_i} 和水平距离 D_{AP_i}，则测设数据为：

$$\beta_i = \alpha_{AP_i} - \alpha_{AB} \text{ 和 } D_{AP_i}$$

（3）在 A 点安置全站仪，盘左瞄准 B 点，置水平度盘为 0°00′00″，然后转动照准部，使度盘读数为 β_{AP_i} 角，此时视线方向即 AP_i 方向；在此视线方向上，让立镜人员，移动至竖丝位置，测量水平距离 D_{AP_i}，根据与测设距离的差值，沿视线移动棱镜，直到测量距离与测设距离相等，定出点为 P_i'。

如果放样精度要求较高，可纵转望远镜到盘右位置，同样测设水平角 β_{AP_i} 和水平距离 D_{AP_i}，再定一点为 P_i''；若 P_i'、P_i'' 不重合，取其中点 P_i，并在点位上打木桩、钉小钉标出其位置。

（4）测量各放样点坐标，与测设坐标对比，检查放样质量是否符合要求。

四、注意事项

（1）全站仪平面位置测设，可使用内部放样程序按提示进行。

（2）测设完毕要进行检核，检核方法是以计算值和检测值比较，限差根据具体情况确定。

全站仪点位放样

五、实验成果（表 2.27）

表 2.27　测设点的平面位置

仪器 ________　天气 ________　班组 ________　观测者 ________

测站 ________　成像 ________　日期 ________　记录者 ________

点名	坐标值		坐标差		坐标方位角 /(° ′ ″)	线名	应测设的水平角 /(° ′ ″)	应测设的水平距离 /m	测设略图
	x/m	y/m	Δx/m	Δy/m					

实验十五　测设点的高程

一、目的与要求

掌握建筑物施工测量中高程放样的基本方法。

二、学时与设备

（1）实验学时：2 学时，每小组 4 ~ 5 人。

（2）实验设备与工具：水准仪 1 台、脚架 1 个、水准尺 1 副、木桩若干、榔头 1 把。

三、方法与步骤

（1）布置实验场地。每组在合适位置布置一个水准点 A，作为测设高程的已知点，A 点高程和放样点高程 H_P 可以根据地形情况由指导老师给定，在待放样点 P 上打一木桩。

（2）将水准仪安置在合适位置，整平水准仪，对准 A 点竖立的水准尺读数，得到后视读数 a。放样点 P 设计高程 H_P 的方法是：将水准尺立在待放样点木桩上，使水准仪中丝读数为 b，b 的计算方法为：$b=H_A-H_P+a$。

（3）将水准尺紧靠放样点木桩，并上下移动水准尺，使水准尺读数为计算的放样数据 b，沿水准尺下端用铅笔在木桩上画水平线，此线高程即为需放样的设计高程。

（4）已知点与放样点高差较大时，可以在待放样点附近选择一临时水准点，先利用水准测量的方法求出临时水准点高程，再依步骤（1）、（2）、（3）进行高程放样。

四、注意事项

实验目的主要是掌握方法，因此已知点和放样点高程要根据地形条件假设适当的数据，以避免打入较长的木桩。

五、实验成果

1. 练习计算高程放样数据

假设点 P_1 和点 P_2 的设计高程为：H_1=40.000 m，H_2=40.100 m。

水准点 A 的高程 H_A，可结合放样场地情况，自己假设 H_A= ____________。

计算前视尺读数：

$b_1=H_A+a_1-H_1=$ ____________

$b_2=H_A+a_2-H_2=$ ____________

测设后经检查，1 点和 2 点高差：

$h_{12}=$ ____________m

2. 根据指导老师要求，测设若干高程（表 2.28）

表 2.28　测设点的高程

仪器 __________　天气 __________　班组 __________　观测者 __________

测站 __________　成像 __________　日期 __________　记录者 __________

测站	已知水准点		后视读数	视线高程/m	待测设点		前视尺应有读数	填挖数/m	检测	
	点号	高程/m			点号	设计高/m			实际读数	误差/m

实验十六　曲线测设

一、目的与要求

（1）掌握圆曲线主点元素的计算及主点测设的基本方法。

（2）掌握利用切线支距法进行圆曲线细部点测设的基本方法。

（3）掌握利用偏角法进行圆曲线细部点测设的基本方法。

二、学时与设备

（1）实验学时：4 学时，每组 4 ~ 5 人。

（2）实验设备与工具：经纬仪 1 台、花杆 2 根、测钎 2 个、皮尺 1 把、木桩若干、计算器 1 个、记录板 1 块。

三、方法与步骤

1. 圆曲线主点元素计算及主点测设

（1）在测区合适位置打一木桩作为路线交点 JD，在 JD 点安置经纬仪。假设曲线起点和终点与交点构成 120°角（即转角 α 为 60°），选定适当的半径 R（可以假定 R 为 50 m），计算圆曲线要素 T、L、E、J），如图 2.48 所示。

将计算结果填入圆曲线测设计算表中。

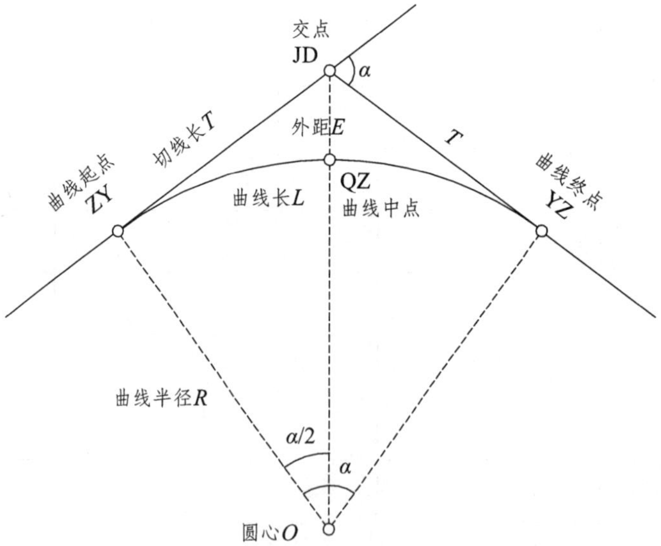

图 2.48　圆曲线测设

（2）选择适当的方向为起点方向，量取切线长 T，定出曲线起点 ZY，并打下木桩。

（3）在 JD 点照准起点方向，仪器度盘置零。

（4）旋转照准部，使水平盘读数为 $180°+\alpha$，在此方向上丈量切线长 T，标定出曲线终点 YZ，打下木桩。

（5）旋转照准部，使水平度盘读数为 $270°+\frac{1}{2}\alpha$，在此方向线上量取外矢距 E，得 QZ 点并打下木桩。

（6）假定 JD 里程=K2+906.90，根据曲线要素计算主点的里程。

要求小组中每人分别独立完成圆曲线要素和主点桩号的计算；圆曲线主点测设时，小组成员协作配合完成，每人至少完成 1 个主点的测设。

2. 切线支距法圆曲线细部点测设

1）曲线细部点坐标计算

以曲线起点 ZY（或者终点 YZ）点为坐标系原点，切线为 X 轴，与 X 轴正交、由 ZY（YZ）点指向圆心的方向为 Y 轴，建立独立坐标系统。则在此独立坐标系统中，圆曲上任意一点坐标，以距 ZY 点的圆弧长 l 为参数计算，计算公式如下：

$$x_i = R\sin\phi_i$$
$$y_i = \pm R(1-\cos\phi_i)$$
$$\phi_i = \frac{l}{R}\cdot\frac{180°}{\pi}$$

注：由于测量坐标系规定为右手系，所以当曲线位于 X 轴正向左侧时，Y 坐标取负号。

将计算的曲线细部点坐标填入切线支距法曲线细部点坐标计算表中。

2）曲线细部点放样

（1）在坐标原点处（ZY 或 YZ 点）架设经纬仪，瞄准 JD 定出 X 轴方向，根据计算出的各曲线细部点 x 坐标，沿 X 轴方向用皮尺量取 x 值，作出标记。

（2）依次将经纬仪架设至标记点处，盘左瞄准坐标原点，水平度盘置零；再旋转照准部，使度盘读数为 270°，定出 Y 方向，沿 Y 方向用皮尺量出 y 值，即可定出细部点，打上木桩。

校核方法：丈量各细部点间的弦长，如果与理论值不符，应查明原因。

3. 偏角法圆曲线细部点测设

1）曲线细部点坐标计算

偏角法类似于极坐标法，它以曲线起点 ZY（或终点 YZ）至曲线上任一点 P_i 的弦线与切线 T 之间的弦切角 $\varDelta_i$（偏角）和弦长 c_i 来确定 P_i 点的位置。$\varDelta_i$ 和 c_i 的计算公式如下：

$$\left.\begin{aligned} \varDelta_i &= \pm\frac{l_i}{R}\cdot\frac{90°}{\pi} \\ c_i &= 2R\sin\varDelta_i \end{aligned}\right\}$$

注：当曲线位于切线左侧时，$\varDelta_i$ 取负号。

将计算的曲线细部点的信息填入偏角法测设圆曲线数据计算表中。

2）曲线细部点放样

（1）将经纬仪架设在 ZY（YZ）点上，瞄准 JD 方向，水平度盘置零。

（2）旋转水平度盘，使度盘读数为 $\varDelta_1$，定出第一个细部点的方向。

（3）在 Δ_1 方向上用皮尺量出 c_1 距离，可确定第一个细部点，打桩。

（4）用同样的方法测设出所有细部点。

校核方法同切线支距法。

要求各小组选择切线支距法或偏角法完成圆曲线细部点的测设，每 5 m 弧长设置一个细部点，每人分别独立完成圆曲线细部点的数据计算。细部点的测设需要小组配合完成，每人至少完成 2 个细部点的测设。

四、注意事项

（1）切线支距法和偏角法均要求在 ZY（YZ）点上设站，如在此点上不便观测，也可先在 JD 上设站，用支导线方法在方便量距的地方设置新测站后，用极坐标方法放样。

（2）在有全站仪的条件下，通过将独立坐标转换为测量坐标后，在任意测量点上设站。采用极坐标方法放样，精度及作业效率更高，具体操作方法参照实验十四。

五、实验成果（表 2.29 ~ 表 2.31）

表 2.29 圆曲线测设计算表

元素名称	值	元素名称	值
转折角 α		$T=R\tan\frac{\alpha}{2}$	
曲线半径 R		$L=R\alpha\frac{\pi}{180^\circ}$	
交点桩号		$E=R\left(\sec\frac{\alpha}{2}-1\right)$	
曲线起点桩号		曲线终点桩号	
曲线中点桩号			

表 2.30 切线支距法曲线细部点坐标计算表

距起（终）点弧长	i=1 5 m	i=2 10 m	i=3 15 m	20 m	25 m	30 m	曲线终点 （或起点）
x							
y							

表 2.31 偏角法测设圆曲线数据计算表

仪器 ________ 天气 ________ 班级 ________ 观测者 ________

成像 ________ 日期 ________ 小组 ________ 记录者 ________

桩号	相邻桩间弧长 /m	弦长 /m	偏角 /（° ′ ″）

实验十七 道路纵、横断面测量

一、目的与要求

（1）掌握水准仪道路纵、横断面测量的方法与步骤。

（2）掌握道路纵、横断面图的绘制。

二、学时与设备

（1）实验学时：4 学时，每小组 4 ~ 5 人。

（2）实验设备与工具：水准仪 1 台、三脚架 1 个、水准尺 2 根、尺垫 2 个、皮尺 1 个、木桩若干、记录板 1 块、铅笔 1 支。

三、方法与步骤

1. 纵断面测量

在给定区域，选定一条约 500 m 长的路线，在两端点钉木桩。用皮尺量距，每 20 ~ 50 m 处打一中桩，并在坡度及方向变化处设加桩，在木桩侧面标注桩号。起点桩桩号为 0+000，如图 2.49 所示。

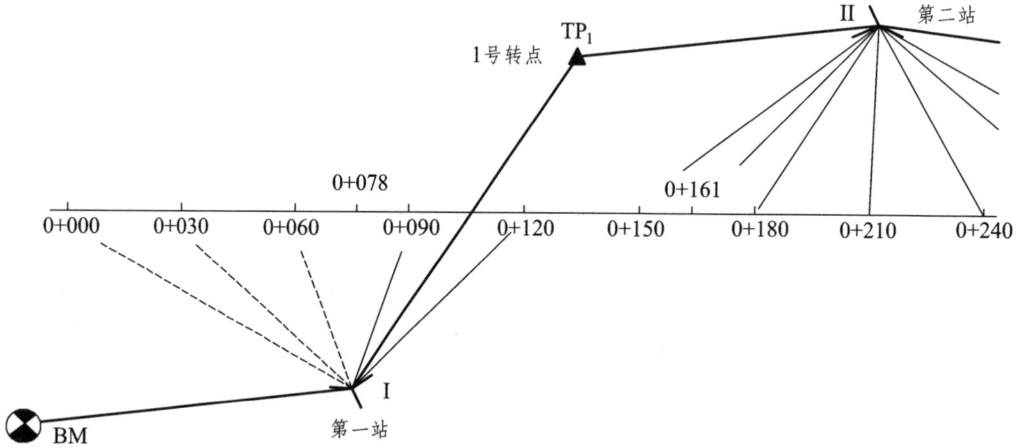

图 2.49 测纵断面测量

（1）水准仪安置在起点桩与第一个转点间适当位置作为第一站（I），瞄准（后视）立在附近水准点 BM 上的水准尺，读取后视读数 a（读至毫米），填入纵断面测量记录表，计算第一站视线高 H_1（$=H_{BM}+a$）。

（2）选择前视方向上的第一个转点 TP_1，瞄准（前视）立在上面的水准尺，读取前视读数 b（读至毫米），填入记录表格，计算转点 TP_1 的高程（$H_{TP1}=H_1-b$）。

（3）依次瞄准本站所能测到的所有立在各中桩及加桩上的水准尺，读取中丝读数 S_i（读至厘米），填入记录表格，利用视线高计算中桩及加桩的高程（$H_i=H_1-S_i$）。

（4）仪器搬至第二站（Ⅱ），选择第二站前视方向上的 2 号转点 TP_2。仪器安置好后，瞄准（后视）TP_1 上的水准尺，读数、记录并计算第二站视线高 H_2；观测前视 TP_2 上的水准尺，读数、记录并计算 2 号转点 TP_2 的高程 H_{TP2}。同法继续进行观测，直至线路终点。

（5）为了进行检核，由线路终点连测至附近已知水准点。

小组成员配合完成路线的纵断面图测量，每人至少观测、记录 1 测站。

2. 横断面测量

横断面方向的标定：如果线路为直线段，则横断面方向与路线中线垂直；如果线路为曲线段，则横断面方向为垂直于该中桩点切线的方向。

水准仪皮尺法测横断面：水准仪可安置在能看清横断面方向的任意点上，以中桩点为后视，在横断面方向的变化点上立尺为前视，高差=后视读数-前视读数，水准尺读数取至厘米；用皮尺量出各变坡点至中桩的水平距离，单位取至分米，沿道路前进方向中桩点左侧的点为正，中桩点右侧的点为负。将观测数据记入水准仪皮尺法横断面测量记录表。

小组成员配合完成路线的横断面图测量，每人至少完成 1 个断面的观测、记录。

3. 纵、横断面图绘制

纵断面图是以中桩的里程为横坐标、以中桩的高程为纵坐标来绘制的。常用的里程比例尺有 1∶5 000、1∶2 000 和 1∶1 000 几种。为了明显地表示地面起伏，一般高程比例尺是里程比例尺的 10 倍或 20 倍。例如，里程比例尺用 1∶1 000 时，高程比例尺取 1∶100 或 1∶50。在绘图纸上绘制道路的纵断面图。

横断面图一般采用 1∶100 或 1∶200 的比例尺绘制。绘制时，先标定中桩位置，由中桩开始，逐一将地形特征点画在图上，再连接相邻点，即可绘出横断面的地面线。地面线上注记桩号，地面线下注记地面高程。在绘图纸中绘制道路的横断面图。

根据实测的纵、横断面数据，每人独立完成纵、横断面图的绘制。

四、注意事项

（1）由一已知点开始，施测各桩的地面高程，并进行高差和高程计算。

（2）横断面个数可每人施测一个，宽度视情况取 4 ~ 50 m。

五、实验成果（表 2.32、表 2.33 及纵断面图、横断面图）

表 2.32　纵断面测量记录表

仪器 ____________　　天气 ____________　　班级 ____________　　观测者 ____________

成像 ____________　　日期 ____________　　小组 ____________　　记录者 ____________

测站	测点	后视读数/m	中视读数/m	前视读数/m	前后视高差/m	视线高/m	测点高程/m	备注

表 2.33　水准仪皮尺法横断面测量记录表

仪器 ____________　　天气 ____________　　班级 ____________　　观测者 ____________

成像 ____________　　日期 ____________　　小组 ____________　　记录者 ____________

桩号	变坡点到中桩点水平距离/m		后视读数/m	前视读数/m	高差/m	备注

纵断面图

横断面图

第三部分 测量实习

测量实习是在课堂教学结束之后集中进行的实践教学活动，是培养知识与实践技能综合应用能力、巩固和深化测量学基础理论的重要教学环节。综合性的测量实习，不仅能够使学生系统掌握测量仪器的操作、数据处理、实地定点及地形图测绘等测绘基本技能，锻炼分析问题、解决问题的能力，而且也是培养其严谨认真、踏实求是、吃苦耐劳、团结协作、精益求精的工作态度和专业精神的重要环节。

实习工作分四个选项，各专业根据自身需要选择一个或多个。

测量实习一　控制测量

一、性质及目的

本实习是在学完《测量学》教学内容后，为了巩固所学理论知识，培养实践操作能力而安排的一次综合性教学实习，实习时间为 2 周。通过这次实习应达到如下目的：

（1）巩固课堂教学知识，加深对控制测量基本理论的理解，能够用有关理论指导作业实践，做到理论与实践相统一，提高学生分析问题、解决问题的能力。

（2）进行控制测量野外作业的基本技能训练，提高动手能力和独立工作能力。通过实习，熟悉并掌握一或二级导线测量，三、四等高程控制测量的作业程序及施测方法。

（3）对野外观测成果进行整理、检查和计算。掌握用测量平差理论处理控制测量成果的基本技能。

（4）通过完成控制测量实际任务的锻炼，提高学生独立从事测绘工作的计划、组织与管理能力，培养学生良好的专业品质和职业道德，达到综合素质培养的教学目的。

二、任务及要求

（1）4 ~ 6 人一组，根据指导老师要求，每个小组在测区内选择若干个点，组成闭合或附合导线网和水准网，完成平面控制测量和高程控制测量。

（2）在实习老师的带领下踏勘测区，在测区范围内按一级或二级导线的技术规格进行实地选点并建立标志，每组做一个点的点之记。

（3）各组采用导线测量方法做平面控制测量，高程控制测量采用四等水准测量方法。控制测量的精度要求参照现行《工程测量标准》执行。

（4）每位同学要编写实习报告。

三、小组实习设备

全站仪 1 套、水准仪 1 套、对讲机 2 部、对中杆及反射棱镜 2 套、记录板 2 块。

四、进程安排

实习动员及领取仪器备品：　　1 天
实地踏勘、选点：　　2 天
平面控制测量的外业与内业：　　5 天
高程控制测量的外业与内业：　　5 天
撰写实习报告与资料整理：　　2 天

五、步骤及要求

1. 踏勘、选点与埋标

（1）以班为单位由指导老师带领踏勘测区，了解测区情况及任务，领会建网的目的和意义。

（2）在教师指导下进行实地选点并建立标志，每组做一个点的点之记。

2. 四等水准测量

（1）进行控制点的单程四等水准测量的观测和记录，并取得合格的观测成果；若学生首次使用水准仪，指导老师应该参考实验一和实验二安排相应练习工作。

（2）水准路线全线外业观测成果的验算和成果表的编算。

（3）作业限差与技术要求见表 3.1。

表 3.1　三、四等水准测量测站技术指标

等级	仪器	最大视线长度 /m	前后视距差 /m	前后视距累积差 /m	黑红面读数差 /mm	黑红面高差之差 /mm
三等	S_3	75	2.0	5.0	2.0	3.0
四等	S_3	100	3.0	10.0	3.0	5.0

3. 全站仪导线测量

（1）正确掌握全站仪的使用方法；若学生首次使用全站仪，指导老师应该让学生针对仪器使用和测角测距方法进行训练，参考实验五、六、九。

（2）按现行《工程测量标准》的技术要求，各组以导线测量完成平面控制测量工作。各组提交正规的观测成果资料一份。

（3）作业限差与技术要求见表 3.2。

表 3.2　导线测量主要技术要求

等级	导线长度/km	平均边长/km	测角中误差/(″)	测距中误差/mm	测距相对中误差	测回数			方位角闭合差/(″)	导线全长相对闭合差
						1″级仪器	2″级仪器	6″级仪器		
一级	4	0.5	5	15	1/30 000	—	2	4	$10\sqrt{n}$	1/15 000
二级	2.4	0.25	8	15	1/14 000	—	1	3	$16\sqrt{n}$	1/10 000
三级	1.2	0.1	12	15	1/7 000	—	1	2	$24\sqrt{n}$	1/5 000

注：① 表中 n 为测站数；

② 当测区测图的最大比例尺为 1∶1 000 时，一、二、三级导线的长度，平均边长可适当放长，但最大长度不应大于表中规定长度的 2 倍。

4. 外业成果概算和内业平差计算

（1）上述各项测量外业工作结束后，需随时对观测成果进行整理和检查。在取得指导老师认可后，每个同学应对本组观测成果及时进行外业成果概算。

（2）概算成果通过各项检核后，进行平差计算。要求每人独立完成一份。

实习小组可分为水准测量、导线测量两组工作，但实习期间两组工作要进行交换，以保证各组和每位同学参与规定的全部实习内容，并上交相应的实习资料。

5. 实习项目时间安排

控制测量实习共安排 2 周时间完成，具体时间分配参考表 3.3 执行。

表 3.3　控制测量综合性教学实习内容与时间安排

序号	教学实习内容		要　求	时间分配
1	准备工作	实习动员、仪器工具的借用、熟悉仪器、仪器的基本检查	按规范要求进行仪器检校	1 天
2	控制网的布设	在教师指导下，选择合理的控制网方案，分组完成实地踏勘、选点与埋石，做点之记	每个学生参加，并作好点位略图	1 天
3	水平角和水平距离的外业观测	严格按规范要求进行外业观测，保证每站工作检核无误后方可离开，若发现数据有问题应立即重测	取得合格的观测成果、完成测站检核	4 天
4	水平角和水平距离观测成果的检查与概算	依几何条件进行导线网全部外业观测成果的检查与验算	观测成果的检查、对超限观测值的重测	1 天
5	四等水准测量	每个学生不少于 4 个测站的单程四等水准测量的观测和记录	取得合格的观测成果	3 天
		水准路线外业观测成果的验算和成果表的编算	计算各点水准高程	1 天

续表

序号	教学实习内容		要 求	时间分配
6	成果整理	整理外业观测数据资料，准备控制网的平差计算	成果完整	1 天
7	实习报告	书写实习报告，整理上交	内容齐全、书写认真	2 天

注：规定时间仅供实习时参考，可根据实际情况灵活掌握。

六、上交资料

1. 每个测量小组应上交的资料

（1）导线网略图、各点的点之记。

（2）全网各点的水平方向观测手簿和水准测量观测手簿。

（3）高差和计算高程表。

（4）水准网略图。

（5）导线的计算成果表（包括坐标、水准测量高程）。

（6）技术小结。

以上内容要求按顺序装订成册，封面统一。

2. 每人应提交的成果

（1）实习报告。

（2）实习日志。

七、成绩考评

（1）指导老师对外业观测成果和内业计算成果进行室内及野外实地检查，评定质量等级，作为小组成员实习成绩的基础分（60%）。

（2）实习结束后，进行测量仪器操作考核，作为个人成绩（40%）。具体考核办法如下：

① 水准考核按四等水准要求每个同学观测 3 站，构成一闭合水准路线，根据测量结果和时间评定该项成绩（20%）。

② 经纬仪（全站仪）考核办法是让每个同学观测一个三角形三个内角，根据观测结果、仪器操作熟练情况及所用时间评定该项成绩（20%）。

八、注意事项

（1）在实习期间各实习小组必须妥善保管仪器装备，爱护仪器，交接时按清单点数，签名负责。

（2）每天出工前和收工后，组长负责清点仪器装备数量和检查仪器装备是否完好无损，如发现问题及时报告。

（3）仪器应放在明亮、干燥、通风之处，不准放在潮湿地面上。

（4）每次出发作业前，应检查仪器背带、提手、仪器箱的搭扣是否牢固，搬站时应将仪器抱在身上。

（5）从仪器箱内取用仪器时，应一手握住仪器基座，一手托住仪器支架；从仪器脚架上取下仪器放回箱内时，也应这样做，并将仪器按正确位置放置。

（6）仪器安置在测站上时，始终应有人看管；在野外使用仪器时，不得使仪器受到阳光的照射；暂停观测或遇小雨时，首先应把物镜罩盖好，然后用测伞挡住仪器。

（7）水准测量时，扶尺竹竿仅为了使尺子扶稳，绝不允许脱开双手；工作间歇时不允许将水准尺靠在树上或墙上，应背阳侧放在平坦的地面上。

（8）观测员将仪器安置在脚架上时，一定要拧紧连接螺旋和脚架固定螺旋，并由记录员复查。否则，由此产生的仪器事故，由二者分担责任。

（9）使用钢尺时，不能使尺面扭曲，不得在地面拖拉和践踏，用完后要用布擦净尘。

（10）使用计算器时要注意爱护，切勿掉落在地上；注意节约电源；注意清洁，用毕装入皮套。

（11）使用全站仪时，应严格按照使用说明书的要求操作和搬运。记录数据用 2H 铅笔，严禁涂改数据，要求记录本干净整洁。

（12）每天实习收工后，应及时整理当天的外业观测资料，并做好资料的保管。

（13）要求学生每天记录工作日志，以便书写控制测量实习报告，在实习结束时，同实习资料成果一并上交。

九、实习报告的编写

实习结束后，每人应编写一份实习报告，要求内容全面、概念正确、语句通顺、文字简练、书写工整、插图和数表清晰美观，并按统一格式编号且装订成册，与实习资料成果一起上交。

控制测量及其他实习报告可参考下提纲编写：

1. 序言

实习（或作业）名称、目的、时间、地点；实习（或作业）任务、范围及组织情况等。

2. 测区概况

测区的地理位置、交通条件、居民、气候、地形、地貌等概况，测区已有测绘成果及资料分析与利用情况、标石保存情况等。

3. 平面控制网的布设及施测

叙述平面控制网的布设及施测中的各项主要工作：

（1）平面控制网的布设方案及控制网略图。

（2）选点、造标、埋石方法及情况。
（3）施测技术依据及施测方法。
（4）观测成果质量分析。

4. 高程控制网的布设及施测

（1）高程控制网的布设方案及控制网略图。
（2）选线、埋石方法及情况。
（3）施测技术依据及施测方法。
（4）观测成果质量分析。

5. 控制网概算

（1）平面控制网的计算表。
（2）高程控制网的计算表。

6. 实习成果表（表中内容只包括点名、平面坐标、水准高程）

7. 实习中发生、发现的问题及处理情况

8. 实习收获、体会及建议

9. 附录：控制点的点之记

测量实习—成果数据

专　　业________________________________

班　　级________________________________

小　　组________________________________

姓　　名________________________________

____

指导老师________________________________

__________年____月____日

导线网略图

平面控制点之记

<table>
<tr><td>点号</td><td colspan="2"></td><td>等级</td><td colspan="2"></td></tr>
<tr><td>地类</td><td colspan="2"></td><td>土质</td><td colspan="2"></td></tr>
<tr><td>点位
略图</td><td colspan="2"></td><td>标石
断面图</td><td colspan="2"></td></tr>
<tr><td>点位
说明</td><td colspan="5"></td></tr>
<tr><td colspan="6">选　点　情　况</td></tr>
<tr><td>选点单位</td><td></td><td>选点员</td><td></td><td>日期</td><td></td></tr>
<tr><td colspan="2">是否联测坐标与高程</td><td colspan="4"></td></tr>
<tr><td>通视方向</td><td colspan="5"></td></tr>
<tr><td colspan="6">埋　石　情　况</td></tr>
<tr><td>埋石员</td><td colspan="2"></td><td>日　　期</td><td colspan="2"></td></tr>
<tr><td>利用旧点情况</td><td colspan="5">新埋石点</td></tr>
<tr><td>保管人</td><td colspan="2"></td><td>保管人职务</td><td colspan="2"></td></tr>
<tr><td>保管人住址</td><td colspan="5"></td></tr>
<tr><td>备　　注</td><td colspan="5"></td></tr>
</table>

导线观测记录表

日期：__________ 年_________月________日　　　　天气：__________　　仪器：_________

观测员：_________　　记录员：________

觇点	读数		2c	半测回方向	一测回方向	各测回平均方向	附注
	盘左	盘右					
	° ′ ″	° ′ ″	″	° ′ ″	° ′ ″	° ′ ″	

<table>
<tr><th>边长</th><th colspan="2">平距观测值/m</th><th>平距中数</th><th>边长</th><th colspan="2">平距观测值/m</th><th>平距中数</th></tr>
<tr><td></td><td>1</td><td></td><td rowspan="4"></td><td></td><td>1</td><td></td><td rowspan="4"></td></tr>
<tr><td rowspan="2">|</td><td>2</td><td></td><td rowspan="2">|</td><td>2</td><td></td></tr>
<tr><td>3</td><td></td><td>3</td><td></td></tr>
<tr><td></td><td>4</td><td></td><td></td><td>4</td><td></td></tr>
</table>

导线观测记录表

日期：__________ 年________月_______日　　　　天气：__________　　　仪器：_________

观测员：_________　　　记录员：________

觇点	读数		2c	半测回方向	一测回方向	各测回平均方向	附注
	盘左	盘右					
	° ′ ″	° ′ ″	″	° ′ ″	° ′ ″	° ′ ″	

<table>
<tr><th>边长</th><th colspan="2">平距观测值/m</th><th>平距中数</th><th>边长</th><th colspan="2">平距观测值/m</th><th>平距中数</th></tr>
<tr><td></td><td>1</td><td></td><td rowspan="4"></td><td></td><td>1</td><td></td><td rowspan="4"></td></tr>
<tr><td rowspan="2">|</td><td>2</td><td></td><td rowspan="2">|</td><td>2</td><td></td></tr>
<tr><td>3</td><td></td><td>3</td><td></td></tr>
<tr><td></td><td>4</td><td></td><td></td><td>4</td><td></td></tr>
</table>

导线坐标计算表

日期：_______ 年___月___日　　　　计算者：____________

点号	观测角 /(° ′ ″)	改正后角 /(° ′ ″)	坐标方位角 /(° ′ ″)	边长 /m	坐标增量		改正后坐标增量		坐标	
					Δx	Δy	Δx	Δy	X	Y
Σ										

计算式与检核：

水准网略图

四等水准测量记录表

自 ____________ 测至 ____________ 班组 ____________ 观测者 ____________

仪器 ____________ 天气 ____________ 日期 ____________ 记录者 ____________

测站编号	后尺 下丝 / 上丝	前尺 下丝 / 上丝	方向及尺号	水准尺读数 黑面/mm	水准尺读数 红面/mm	K+黑－红/mm	高差中数/m	备注
	后视距/m	前视距/m						
	视距差/m	累积差/m						
			后					
			前					
			后－前					
			后					
			前					
			后－前					
			后					
			前					
			后－前					
			后					
			前					
			后－前					
			后					
			前					
			后－前					
			后					
			前					
			后－前					
			后					
			前					
			后－前					
检　核								

四等水准测量记录表（续）

自 ＿＿＿＿＿＿ 测至 ＿＿＿＿＿＿ 班组 ＿＿＿＿＿＿ 观测者 ＿＿＿＿＿＿

仪器 ＿＿＿＿＿＿ 天气 ＿＿＿＿＿＿ 日期 ＿＿＿＿＿＿ 记录者 ＿＿＿＿＿＿

测站编号	后尺 下丝	前尺 下丝	方向及尺号	水准尺读数		K+黑－红/mm	高差中数/m	备注
	后尺 上丝	前尺 上丝		黑面/mm	红面/mm			
	后视距/m	前视距/m						
	视距差/m	累积差/m						
			后					
			前					
			后－前					
			后					
			前					
			后－前					
			后					
			前					
			后－前					
			后					
			前					
			后－前					
			后					
			前					
			后－前					
			后					
			前					
			后－前					
			后					
			前					
			后－前					
检核								

水准测量成果整理与计算表

日期 ______ 年______月______日　　　　　　　　　　　　　　　　计算者 __________

点号	距离/km 或测站数	高差			高程 /m	备注
		观测值/m	改正数/mm	改正后/mm		
Σ						
辅助计算						

控制测量成果表

序号	点名	*X*	*Y*	*H*	备注

测量实习二　大比例尺地形图测绘

一、性质及目的

本实习是在学完《测量学》后，为了巩固所学理论知识，培养实践操作能力而安排的一次综合性教学实习，实习时间为 2 ~ 4 周。通过这次实习应达到如下目的：

（1）熟练掌握经纬仪（全站仪）、光学水准仪的操作与使用方法。

（2）掌握图根控制点布设、观测、记录与计算方法。

（3）掌握用极坐标法测绘大比例尺地形图的方法、过程及要领。

二、任务及要求

（1）4 ~ 6 人一组，对于实习时间为 4 周的实习，要求每个小组完成一幅 1∶500 地形图测绘任务。实习时间少于 4 周的，可根据具体情况减少碎部测量的工作量，但建议不少于 4 个 10 cm×10 cm 的方格。

（2）以班为单位，在实习老师的带领下，在测区范围内按三级导线的技术规格，完成首级控制点布设，作业方法可根据具体情况，选择全站仪导线或 GNSS 测量方法。高程控制测量按四等水准要求，组成闭合或附合水准路线。如实习场地内已知点已经足够或实习时间较短，可不进行首级控制测量。

（3）图根控制的平面控制由各组采用经纬仪视距导线或全站仪导线测量方式在测区内进行，高程控制采用四等水准测量方法。每幅图要布设不少于 10 个控制点（包括首级控制点，全站仪方法不设此限制）。图根控制的精度要求参照现行《工程测量标准》执行。

（4）地形图的碎部测量工作分经纬仪和全站仪两种方法，实习单位根据自身条件选择。

三、小组实习设备

1. 经纬仪作业模式

经纬仪 1 套、DS3 水准仪 1 套、黑红面水准尺与尺垫各 1 对、图式 1 本、量角器 1 个、聚酯薄膜 1 张、记录板与记录纸（本）若干。

2. 全站仪作业模式

全站仪 1 套、对中杆及反射棱镜 2 套、水准仪 1 套、黑红面水准尺与尺垫各 1 对、记录板和记录纸（本）与草图绘制用纸若干张、装有 CASS 或其他成图软件的计算机 1 台。

四、进程安排

实习动员及领取仪器备品：　0.5 天

分配任务、实地踏勘、选点：　1 天

首级控制：　　　　　　　　　3 天
图根控制：　　　　　　　　　2.5 天
内业计算与展点：　　　　　　2 天
碎部测绘：　　　　　　　　　8 天
地形图编绘及整饰：　　　　　2 天
检查与考核、实习报告编写：　3 天

五、步骤及要求

1. 经纬仪作业模式

① 将控制点展绘到聚酯薄膜绘图纸上，用比例尺在图上量取各相邻控制点之间的距离，和已知的边长相比较，其最大误差在图纸上不得超过 0.3 mm，否则应重新展绘。检查点号和高程的注记有无错误。

② 在控制点上进行仪器设置，瞄准定向方向，配置度盘读数为 0，在绘图纸上以直线连接测站点和定向点，绘制定向方向线。

③ 按方便绘图员绘图的顺序，连续测量地物、地貌特征点，碎部点的最大视距长度不得超过 80 m。

④ 在碎部测图过程中，每完成一测站后，应重新瞄准零方向，检查经纬仪定向有无错误。

⑤ 地形图上所有线划、符号和注记，均应在现场完成，并应严格遵循看不清不描绘的原则。

⑥ 碎部点的多少，应根据测区内地物、地貌的情况而定。原则上只要求测量起着控制地形作用的特征点，准确而精细地描绘地物、地貌。因此，立尺点应选在地物轮廓平面投影特征点及地形起伏倾斜角度和方向变换的地方。

⑦ 所有碎部点高程注记至 0.1 m。

⑧ 要做到随测随绘，以便能及时发现错误和遗漏。

⑨ 测图过程中要注意掌握地物的综合取舍，在图面负载有限的条件下，保留重要地物，舍弃次要地物。测点时要求准确判定典型地形、地物特征点，地形符号运用合理，平面位置准确、等高线圆滑、内插合理、图面美观。

2. 全站仪作业模式

① 野外数据采集练习：在教师指导下练习全站仪测量模式设置、数据采集操作、碎部点测量及属性记录方法。通过轮换操作，要求实习小组每人都基本掌握仪器操作及碎部点属性和连接关系的记录方法。

② 在指导老师指导下，熟悉 CASS 的基本用法。主要内容为：熟悉软件的界面，掌握数据下载、测点的展绘、定点方式的设置、屏幕右侧菜单项的使用等数字图编辑的基本操作方法和步骤。

③ 野外实测时，按便于绘图的顺序依次测量碎部点。绘图员紧随立尺员记录测点点号，通过绘制草图，记录各碎部点的关联关系，并记录所测内容的属性值。

④ 每天作业结束后，均要将数据传入计算机，并当天完成所测碎部点的地形图编辑工作。
⑤ 在图形编辑过程中发现的问题，要及时到实地检查处理。

六、上交资料

（1）首级控制成果表（平面及高程）。
（2）图根控制原始记录及成果表。
（3）聚酯薄膜地形图一张（经纬仪）、地形图打印图一张或电子图（全站仪）。
（4）个人实习报告一份。

七、成绩评定

（1）指导老师对控制测量、地形图成果进行室内及野外实地检查，评定质量等级，作为小组成员实习成绩的基础分（60%）。

（2）进行测量仪器操作考核（20%）。建议采用如下考核办法：

在 25 分钟内完成经纬仪（全站仪）的对中整平和两个方向测回法水平角的观测与记录、计算。必须由老师检查对中整平合格后才能开始观测。如记录不规范则对记录者进行扣分。上下半测回角值的差值应该在±40″以内，超限可重测，但重测时间累积在内。

（3）实习报告撰写评分（20%）。

八、注意事项

（1）听从老师安排，保证仪器和人身安全。
（2）野外作业注意保护庄稼等当地群众财产，不得损害其利益。
（3）仪器设备每天检查，防止丢失或出现损坏后责任不清的情况发生。

测量实习二成果数据

专　　业________________________________

班　　级________________________________

小　　组________________________________

姓　　名________________________________

____

指导老师________________________________

__________年____月____日

导线观测记录表

日期：__________ 年____月____日　　　　天气：__________　　　　仪器：__________

观测员：__________　　　　记录员：__________

觇点	读数		2c	半测回方向	一测回方向	各测回平均方向	附注
	盘左	盘右					
	° ′ ″	° ′ ″	″	° ′ ″	° ′ ″	° ′ ″	

边长	平距观测值/m		平距中数	边长	平距观测值/m		平距中数
	1				1		
|	2			|	2		
	3				3		
	4				4		

导线观测记录表

日期：__________ 年____月____日　　天气：__________　　仪器：_________

观测员：_________　　记录员：__________

觇点	读数		2c	半测回方向	一测回方向	各测回平均方向	附注
	盘左	盘右					
	° ′ ″	° ′ ″	″	° ′ ″	° ′ ″	° ′ ″	

边长	平距观测值/m		平距中数	边长	平距观测值/m		平距中数
	1				1		
|	2			|	2		
	3				3		
	4				4		

导线坐标计算表

日期：______ 年___月___日　　　　　　　　　　计算者：____________

点号	观测角 /(° ′ ″)	改正后角 /(° ′ ″)	坐标方位角 /(° ′ ″)	边长 /m	坐标增量		改正后坐标增量		坐标	
					Δx	Δy	Δx	Δy	X	Y
$\sum$										
计算式与检核：										

四等水准测量记录表

自 ____________ 测至 ____________ 班组 ____________ 观测者 ____________

仪器 ____________ 天气 ____________ 日期 ____________ 记录者 ____________

测站编号	后尺 下丝 / 上丝 / 后视距/m / 视距差/m	前尺 下丝 / 上丝 / 前视距/m / 累积差/m	方向及尺号	水准尺读数 黑面/mm	水准尺读数 红面/mm	K+黑－红/mm	高差中数/m	备注
			后					
			前					
			后－前					
			后					
			前					
			后－前					
			后					
			前					
			后－前					
			后					
			前					
			后－前					
			后					
			前					
			后－前					
			后					
			前					
			后－前					
			后					
			前					
			后－前					
检　核								

四等水准测量记录表（续）

自 ____________ 测至 ____________ 班组 ____________ 观测者 ____________

仪器 ____________ 天气 ____________ 日期 ____________ 记录者 ____________

测站编号	后尺 下丝	前尺 下丝	方向及尺号	水准尺读数		K+黑−红/mm	高差中数/m	备注
	后尺 上丝	前尺 上丝		黑面/mm	红面/mm			
	后视距/m	前视距/m						
	视距差/m	累积差/m						
			后					
			前					
			后−前					
			后					
			前					
			后−前					
			后					
			前					
			后−前					
			后					
			前					
			后−前					
			后					
			前					
			后−前					
			后					
			前					
			后−前					
			后					
			前					
			后−前					
检　核								

水准测量成果整理与计算表

日期 ______ 年______月______日　　　　　　　　　　　　　　计算者 __________

点号	距离/km或测站数	高差			高程/m	备注
		观测值/m	改正数/mm	改正后/mm		
$\sum$						
辅助计算						

控制测量成果表

序号	点名	X	Y	H	备注

测量实习三　工程放样

一、性质及目的

本实习是在学完《测量学》教学内容后，为了巩固所学理论知识，培养实践操作能力而安排的一次综合性教学实习，实习时间为 1 周。通过这次实习应达到如下目的：

（1）熟练掌握经纬仪或全站仪、自动安平水准仪的操作与使用方法。

（2）掌握点位放样、高程放样的数据计算方法。

（3）掌握点位放样、高程放样的基本方法。

二、任务及要求

（1）4～6 人一组，每个小组进行经纬仪（全站仪）、水准仪的使用练习，并完成指定点位和高程放样任务。

（2）以班为单位，在实习指导老师的带领下，在测区范围内完成经纬仪水准角测量、竖直角测量、水准仪使用、水准测量练习。

（3）各组采用指导老师给定的已知点与放样点数据计算放样所需数据，并完成实地点位、高程放样工作。

（4）点位放样时分经纬仪和全站仪两种方法，实习单位根据自身条件选择其中一种方法。

三、小组实习设备

1. 经纬仪作业模式

经纬仪 1 套、水准仪 1 套、双面水准尺 1 对、尺垫一对、30 m 皮尺 1 把、铁钉或木桩若干、花杆 2 根、记录纸（本）若干、记录板 1 块。

2. 全站仪作业模式

全站仪 1 套、DSZ3 水准仪 1 套、双面水准尺 1 对、尺垫 1 对、对讲机 3 部、对中杆及反射棱镜 2 套、铁钉或木桩若干、记录纸（本）若干、记录板 1 块。

四、进程安排

实习动员、分配任务及领取仪器备品：	1 天
经纬仪使用与水平角观测、竖直角观测：	2 天
水准仪使用与水准测量：	1 天
点位放样与高程放样：	1 天
实习成果整理与报告撰写：	1 天
检查与考核：	1 天

五、步骤及要求

1. 经纬仪（全站仪）的使用

首先，指导老师对所使用仪器进行讲解与展示，使实习学生对经纬仪（全站仪）组成有全面的认识；其次，指导老师对经纬仪的对中整平、瞄准和读数及度盘配置进行操作演示与讲解；最后，学生分组进行练习。具体操作参考实验一。

2. 水平角观测

指导老师对测回法或方向法水平角观测步骤与记录计算方法进行讲解演示，学生分组完成水平角观测任务，具体操作参考实验六。

3. 竖直角观测

在老师指导下，学生完成竖直角观测练习，具体操作参考实验七。

4. 水准仪使用与水准测量

在指导老师讲解与演示后，学生进行水准仪认识、安置、整平、瞄准、读数练习，然后根据老师指定路线，完成一条简短闭合或附合水准的测量工作，建议按四等水准进行观测。具体操作参考实验一和实验二。

5. 点位放样

指导老师给定不少于 4 个点的设计坐标与 2 个控制点坐标，学生利用坐标反算，计算出放样要素，利用经纬仪或全站仪完成放样与检核工作；指导老师也可根据教学要求让学生采用全站仪内置放样程序完成。具体操作参考实验十四。

6. 高程放样

（1）布置实验场地。每组在合适位置布置一个水准点 A，作为测设高程的已知点，A 点高程和放样点高程 H_P 可以根据地形情况假定为适当的数值，在待放样点 P 上打一木桩。

（2）将水准仪安置在合适位置，整平水准仪，对准 A 点竖立的水准尺读数，得到后视读数 a。放样点 P 设计高程 H_P 的方法是：将水准尺立在待放样点木桩上，是水准仪中丝读数 b，b 的计算方法为 $b=H_A-H_P+a$。

（3）将水准尺紧靠放样点木桩，并上下移动水准尺，使水准尺读数为计算的放样数据 b，沿水准尺下端用铅笔在木桩上画水平线，此线高程即为需放样的设计高程。

（4）已知点与放样点高差较大时，可以在待放样点附近选择一临时水准点，先利用水准测量的方法求出临时水准点高程，再依步骤（1）、（2）、（3）进行高程放样。

7. 成果整理与报告撰写

将实习过程的数据成果、检核报告进行整理，并撰写实习报告。

六、注意事项

（1）听从老师安排，保证人身和仪器安全。

（2）野外作业注意保护庄稼，不得损害当地群众利益。
（3）仪器设备每天检查，防止丢失或出现损坏后责任不清的情况发生。

七、上交资料

（1）水平角观测记录表。
（2）竖直角观测记录表。
（3）水准测量外业观测记录表与成果计算表。
（4）点位放样数据计算表。
（5）高程放样数据计算表。
（6）实习日志与报告各一份。

八、成绩评定

（1）指导老师对成果进行室内及野外实地检查，评定质量等级，作为小组成员实习成绩的基础分（60%）。

（2）实习结束后，进行测量仪器操作考核，作为个人成绩（20%）。具体考核办法如下：

① 水准考核按四等水准要求每个同学观测 1 站，根据熟练程度、测量结果和时间评定该项成绩（10%）。

② 经纬仪（全站仪）考核办法是让每个同学进行仪器架设并观测一个水平角，根据观测结果、仪器操作熟练情况及所用时间评定该项成绩（10%）。

（3）组织纪律：按学生在实习过程中的出勤情况、参与程序，酌情给定（10%）。

（4）实习表现：由实习小组组长与组员进行互评，考查实习团结协作表现（10%）。

测量实习三成果数据

专　　业＿＿＿＿＿＿＿＿＿＿＿＿＿＿＿＿＿＿

班　　级＿＿＿＿＿＿＿＿＿＿＿＿＿＿＿＿＿＿

小　　组＿＿＿＿＿＿＿＿＿＿＿＿＿＿＿＿＿＿

姓　　名＿＿＿＿＿＿＿＿＿＿＿＿＿＿＿＿＿＿

＿＿＿＿＿＿＿＿＿＿＿＿＿＿＿＿＿＿

指导老师＿＿＿＿＿＿＿＿＿＿＿＿＿＿＿＿＿＿

＿＿＿＿＿年＿＿月＿＿日

水平角观测记录

仪器 ____________ 班级 ____________ 小组 ____________ 观测者 ____________

日期 ____________ 成像 ____________ 天气 ____________ 记录者 ____________

测站	测回	目标	水平度盘读数		2c	平均读数	归零方向值	平均归零方向值	备注
			盘左	盘右					
			° ′ ″	° ′ ″	″	° ′ ″	° ′ ″	° ′ ″	

竖直角观测记录

仪器 ________ 天气 ________ 班级 ________ 观测者 ________

成像 ________ 日期 ________ 小组 ________ 记录者 ________

测站	目标	竖盘位置	竖盘读数	半测回竖直角	指标差	一测回竖直角	备注
			° ′ ″	° ′ ″	′ ″	° ′ ″	
		左					
		右					
		左					
		右					
		左					
		右					
		左					
		右					
		左					
		右					
		左					
		右					
		左					
		右					
		左					
		右					
		左					
		右					
		左					
		右					
		左					
		右					

全站仪测角与测距记录表

日期：________ 年____月____日　　天气：__________　　仪器：________

观测员：________　　记录员：________

测站 仪器高 测回	目标 棱镜高/m	竖盘位置	水平度盘读数 /(° ′ ″)	2c /(″)	平均读数 /(° ′ ″)	归零方向值或角值 /(° ′ ″)	竖直度盘读数 /(° ′ ″)	竖直角 /(° ′ ″)	平距/m 读数	平距/m 平均	高差/m 读数	高差/m 平均	备注

四等水准测量记录表

自 ＿＿＿＿＿＿　测至 ＿＿＿＿＿＿　班组 ＿＿＿＿＿＿　观测者 ＿＿＿＿＿＿

仪器 ＿＿＿＿＿＿　天气 ＿＿＿＿＿＿　日期 ＿＿＿＿＿＿　记录者 ＿＿＿＿＿＿

测站编号	后尺 下丝	前尺 下丝	方向及尺号	水准尺读数		K+黑−红/mm	高差中数/m	备注
	后尺 上丝	前尺 上丝		黑面/mm	红面/mm			
	后视距/m	前视距/m						
	视距差/m	累积差/m						
			后					
			前					
			后－前					
			后					
			前					
			后－前					
			后					
			前					
			后－前					
			后					
			前					
			后　前					
			后					
			前					
			后－前					
			后					
			前					
			后－前					
			后					
			前					
			后－前					
检　核								

四等水准测量记录表（续）

自 __________ 测至 __________ 班组 __________ 观测者 __________

仪器 __________ 天气 __________ 日期 __________ 记录者 __________

测站编号	后尺 下丝	前尺 下丝	方向及尺号	水准尺读数		K+黑－红 /mm	高差中数 /m	备注
	后尺 上丝	前尺 上丝		黑面 /mm	红面 /mm			
	后视距/m	前视距/m						
	视距差/m	累积差/m						
			后					
			前					
			后－前					
			后					
			前					
			后－前					
			后					
			前					
			后－前					
			后					
			前					
			后－前					
			后					
			前					
			后－前					
			后					
			前					
			后－前					
			后					
			前					
			后－前					
检　核								

水准测量成果整理与计算表

日期 ______ 年______月______日 计算者 __________

点号	距离/km 或测站数	高差			高程 /m	备注
		观测值/m	改正数/mm	改正后/mm		
Σ						
辅助计算						

点位放样要素计算与记录

仪器 ________　　天气 ________　　班组 ________　　观测者 ________

测站 ________　　成像 ________　　日期 ________　　记录者 ________

点名	坐标值		坐标差		坐标方位角	线名	应测设水平角	应测设水平距离
	x	y	Δx	Δy				
	m	m	m	m	° ′ ″		° ′ ″	m

高程测设计算与记录

仪器 ____________ 天气 ____________ 班级 ____________ 观测者 ____________

成像 ____________ 日期 ____________ 小组 ____________ 记录者 ____________

测站	已知水准点		后视读数	视线高程	待测设点		前视尺应有读数	填挖数	检测	
	点号	高程 m		m	点号	设计高 m		m	实际读数	误差 m

全站仪坐标测设记录表

仪器 ＿＿＿＿＿＿ 天气 ＿＿＿＿＿＿ 班级 ＿＿＿＿＿＿ 观测者 ＿＿＿＿＿＿

成像 ＿＿＿＿＿＿ 日期 ＿＿＿＿＿＿ 小组 ＿＿＿＿＿＿ 记录者 ＿＿＿＿＿＿

测站点	后视点	放样点	设计坐标 /m		实测坐标 /m		偏差值（±）/mm	
			X	*Y*	*X*	*Y*	*X*	*Y*
结论：								

点位测设略图

测量实习四　道路工程测量

一、性质及目的

本实习是在学习《测量学》相关教学内容后，为了巩固所学理论知识，培养实践操作能力而安排的一次综合教学实习，实习时间为 1 周。通过这次实习应达到如下目的：

（1）熟练掌握经纬仪（全站仪）、水准仪的操作与使用方法，掌握测角、测距的方法。

（2）掌握曲线测设和纵、横断面测量的方法。

二、任务及要求

（1）以小组为单位，4 ~ 6 人为一组，在老师的带领下，在实习场地地形图上设计两条 150 m 左右的直线，相交于一点 JD，以这两条直线作为道路直线段，在其间设计一条圆曲线，根据设计数据计算道路曲线要素和主点桩号，规定道路起点里程设为 K0+000。

（2）根据采用的测设方法（切线支距法或偏角法）计算放样数据并进行曲线细部点的测设。

（3）利用水准仪进行纵断面测量并绘制纵断面图。

（4）利用水准仪皮尺法或全站仪法进行横断面测量并绘制横断面图，横断面间距取 20 m。

三、小组实习设备

J6 经纬仪（全站仪）1 套、DS3 水准仪 1 套、塔尺 1 对、尺垫 1 对、30 m 皮尺 2 把、工具包 1 个、花杆 2 根、记录纸（本）1 套、斧头 1 把、木桩若干。

四、进程安排

实习动员及领取仪器备品	1 天
实地踏勘、分配任务	0.5 天
测设数据计算：	0.5 天
中线测量：	1 天
纵断面测量：	1 天
横断面测量：	1 天
纵横断面绘制：	1 天
检查与考核：	1 天

若学生首次使用测绘仪器，请指导老师增加仪器使用与角度、距离、高程测量相关实习内容，参考第二部分相关实验。

五、步骤及要求

（一）基本观测量采集训练

针对学生情况，进行测角、测距、测高差的训练，参考相关实验部分。

（二）曲线测设

1. 圆曲线主点元素计算及主点测设

（1）在测区合适位置打一木桩作为路线交点 JD，在 JD 点安置经纬仪。假设曲线起点和终点与交点构成 120°角（即转角 α 为 60°），选定适当的半径 R（可以假定 R 为 50 m），计算圆曲线要素 T、L、E、J），如图 3.1 所示。

将计算结果填入圆曲线测设计算表中。

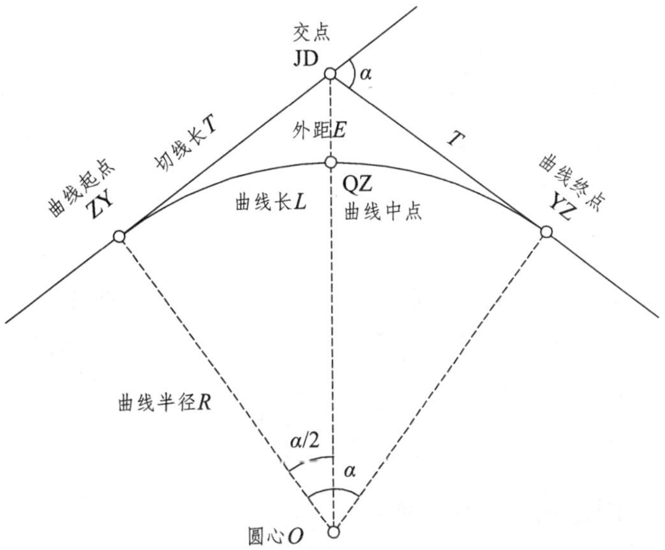

图 3.1　圆曲线测设

（2）选择适当的方向为起点方向，量取切线长 T，定出曲线起点 ZY，并打下木桩（图 3.1）。

（3）在 JD 点照准起点方向，仪器度盘置零。

（4）旋转照准部，使水平盘读数为 180°+α，在此方向上丈量切线长 T，标定出曲线终点 YZ，打下木桩。

（5）旋转照准部，使水平度盘读数为 $270°+\dfrac{1}{2}\alpha$，在此方向线上量取外矢距 E，得 QZ 点并打下木桩。

（6）假定 JD 里程=K2+906.90，根据曲线要素计算主点的里程。

要求小组中每人分别独立完成圆曲线要素和主点桩号的计算；圆曲线主点测设时，小组成员协作配合完成。

2. 切线支距法圆曲线细部点测设

1）曲线细部点坐标计算

以曲线起点 ZY（或者终点 YZ）点为坐标系原点，切线为 X 轴，与 X 轴正交、由 ZY（YZ）点指向圆心的方向为 Y 轴，建立独立坐标系统，则在此独立坐标系统中，圆曲上任意一点坐标，以距 ZY 点的圆弧长 l 为参数计算，计算公式如下：

$$\left.\begin{aligned} x_i &= R\sin\phi_i \\ y_i &= \pm R(1-\cos\phi_i) \\ \phi_i &= \frac{l}{R}\cdot\frac{180^\circ}{\pi} \end{aligned}\right\}$$

注：由于测量坐标系规定为右手系，所以当曲线位于 X 轴正向左侧时，Y 坐标取负号。

将计算的曲线细部点坐标填入切线支距法曲线细部点坐标计算表中。

2）曲线细部点放样

（1）在坐标原点处（ZY 或 YZ 点）架设经纬仪，瞄准 JD 定出 X 轴方向，根据计算出的各曲线细部点 x 坐标，沿 X 轴方向用皮尺量取 x 值，作出标记。

（2）依次将经纬仪架设至标记点处，盘左瞄准坐标原点，水平度盘置零，再旋转照准部，使度盘读数为 270°，定出 Y 方向，沿 Y 方向用皮尺量出 y 值，即可定出细部点，打上木桩。

校核方法：丈量各细部点间的弦长，如果与理论值不符，应查明原因。

3. 偏角法圆曲线细部点测设

1）曲线细部点坐标计算

偏角法类似于极坐标法，它以曲线起点 ZY（或终点 YZ）至曲线上任一点 P_i 的弦线与切线 T 之间的弦切角 $\varDelta_i$（偏角）和弦长 c_i 来确定 P_i 点的位置。$\varDelta_i$ 和 c_i 的计算公式如下：

$$\left.\begin{aligned} \varDelta_i &= \pm\frac{l_i}{R}\cdot\frac{90^\circ}{\pi} \\ c_i &= 2R\sin\varDelta_i \end{aligned}\right\}$$

注：当曲线位于切线左侧时，$\varDelta_i$ 取负号。

将计算的曲线细部点的信息填入偏角法测设圆曲线数据计算表中。

2）曲线细部点放样

（1）将经纬仪架设在 ZY（YZ）点上，瞄准 JD 方向，水平度盘置零。

（2）旋转水平度盘，使度盘读数为 $\varDelta_1$，定出第一个细部点的方向。

（3）在 $\varDelta_1$ 方向上用皮尺量出 c_1 距离，可确定第一个细部点，打桩。

（4）用同样的方法测设出所有细部点。

校核方法同切线支距法。

要求各小组选择切线支距法或偏角法完成圆曲线细部点的测设，每 5 m 弧长设置一个细部点，每人分别独立完成圆曲线细部点的数据计算。细部点的测设需要小组配合完成，每人至少完成 2 个细部点的测设。

（三）纵、横断面测量

1. 纵断面测量

在给定区域，选定一条约 500 m 长的路线，在两端点钉木桩。用皮尺量距，每 20 ~ 50 m

处打一中桩，并在坡度及方向变化处设加桩，在木桩侧面标注桩号。起点桩桩号为0+000，如图3.2所示。

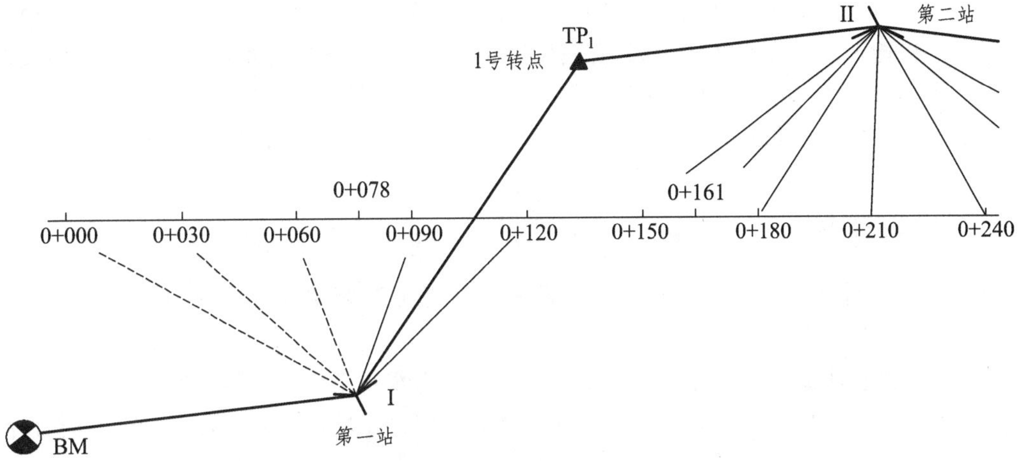

图 3.2　测纵断面测量

（1）水准仪安置在起点桩与第一个转点间适当位置作为第一站（I），瞄准（后视）立在附近水准点BM上的水准尺，读取后视读数 a（读至毫米），填入纵断面测量记录表，计算第一站视线高 H_1（$=H_{BM}+a$）。

（2）选择前视方向上的第一个转点 TP_1，瞄准（前视）立在上面的水准尺，读取前视读数 b（读至毫米），填入记录表格，计算转点 TP_1 的高程（$H_{TP1}=H_1-b$）。

（3）依次瞄准本站所能测到的所有立在各中桩及加桩上的水准尺，读取中丝读数 S_i（读至厘米），填入记录表格，利用视线高计算中桩及加桩的高程（$H_i=H_1-S_i$）。

（4）仪器搬至第二站（II），选择第二站前视方向上的2号转点 TP_2。仪器安置好后，瞄准（后视）TP_1 上的水准尺，读数、记录并计算第二站视线高 H_2；观测前视 TP_2 上的水准尺，读数、记录并计算2号转点 TP_2 的高程 H_{TP2}。同法继续进行观测，直至线路终点。

（5）为了进行检核，由线路终点连测至附近已知水准点。

小组成员配合完成路线的纵断面图测量，每人至少观测、记录1测站。

2. 横断面测量

横断面方向的标定：如果线路为直线段，则横断面方向与路线中线垂直；如果线路为曲线段，则横断面方向为垂直于该中桩点切线的方向。

水准仪皮尺法测横断面：水准仪可安置在能看清横断面方向的任意点上，以中桩点为后视，在横断面方向的变化点上立尺为前视，高差=后视读数–前视读数，水准尺读数取至厘米；用皮尺量出各变坡点至中桩的水平距离，单位取至分米，沿道路前进方向中桩点左侧的点为正，中桩点右侧的点为负。将观测数据记入水准仪皮尺法横断面测量记录表。

小组成员配合完成路线的横断面图测量，每人至少完成1个断面的观测、记录。

3. 纵、横断面图绘制

纵断面图是以中桩的里程为横坐标、以中桩的高程为纵坐标来绘制的。常用的里程比例尺有1∶5 000、1∶2 000和1∶1 000几种。为了明显地表示地面起伏，一般高程比例尺是里程比例尺的 10 倍或 20 倍。例如，里程比例尺用 1∶1 000 时，高程比例尺取 1∶100 或 1∶50。在绘图纸上绘制道路的纵断面图。

横断面图一般采用 1∶100 或 1∶200 的比例尺绘制。绘制时，先标定中桩位置，由中桩开始，逐一将地形特征点画在图上，再连接相邻点，即可绘出横断面的地面线。地面线上注记桩号，地面线下注记地面高程。在绘图纸中绘制道路的横断面图。

根据实测的纵、横断面数据，每人独立完成纵、横断面图的绘制。

六、注意事项

（1）实习综合运用了之前进行的角度测量和电磁波测距实验，实习前需认真复习相关知识。

（2）实习需要小组成员协作完成，实习前组长应召集小组成员充分讨论和分工。

（3）外业观测时仪器不离人，更不能在仪器旁打闹；在马路上测量时，注意车辆与行人，靠边安置仪器。

（4）观测、记录应符合规范要求，测站误差超限应重测，数据检查无误方可迁站。

七、上交资料

（1）圆曲线测设计算表。

（2）切线支距法（偏角法）曲线细部点坐标计算表。

（3）纵、横断面测量记录表及纵、横断面图一套。

（4）实习报告一份。

若做了测角、测距等实习内容，相关资料也要上交。

八、成绩评定

（1）指导老师对成果资料进行室内及野外实地检查，评定质量等级，作为小组成员实习成绩的基础成绩（60%）。

（2）实习结束后，进行测量仪器操作考核，作为个人成绩（40%）。具体考核办法如下：

① 测设考核，每个同学操作仪器测设圆曲线上 3 个中桩点，根据测量结果和时间评定该项成绩（20%）。

② 纵横断面测量（水准仪或全站仪）考核，让每个同学观测 100 m 纵断面和 1 个横断面，根据观测结果、仪器操作熟练情况及所用时间评定该项成绩（20%）。

测量实习四成果数据

专　　业____________________________

班　　级____________________________

小　　组____________________________

姓　　名____________________________

　　　　____________________________

指导老师____________________________

__________年____月____日

圆曲线测设计算表

元素名称	值	元素名称	值
转折角 α		$T=R\tan\frac{\alpha}{2}$	
曲线半径 R		$L=R\alpha\frac{\pi}{180°}$	
交点桩号		$E=R\left(\sec\frac{\alpha}{2}-1\right)$	
曲线起点桩号		曲线终点桩号	
曲线中点桩号			

切线支距法曲线细部点坐标计算表

距起（终）点弧长	i=1 5 m	i=2 10 m	i=3 15 m	20 m	25 m	30 m	曲线终点 （或起点）
x							
y							

偏角法测设圆曲线数据计算表

仪器 ________　　天气 ________　　班级 ________　　观测者 ________

成像 ________　　日期 ________　　小组 ________　　记录者 ________

桩号	相邻桩间弧长 /m	弦长 /m	偏角 /（°　′　″）

纵断面测量记录表

仪器 ＿＿＿＿＿ 天气 ＿＿＿＿＿ 班级 ＿＿＿＿＿ 观测者 ＿＿＿＿＿

成像 ＿＿＿＿＿ 日期 ＿＿＿＿＿ 小组 ＿＿＿＿＿ 记录者 ＿＿＿＿＿

测站	测点	后视读数/m	中视读数/m	前视读数/m	前后视高差/m	视线高/m	测点高程/m	备注

水准仪皮尺法横断面测量记录表

仪器 ________　　天气 ________　　班级 ________　　观测者 ________

成像 ________　　日期 ________　　小组 ________　　记录者 ________

桩号	变坡点到中桩点水平距离/m		后视读数/m	前视读数/m	高差/m	备注

纵断面图

横断面图

第四部分 测量学习题

测量学习题是针对《测量学》理论课程教学的补充，为学生在课堂教学后提供针对性的知识巩固与练习。本部分每章分思考题和习题，思考题用于启发式教学，巩固所学知识，并拓展思考；习题用于对重点知识点的练习，任课教师可根据教学内容选择部分或全部习题作为课堂、课后作业。

第1章　绪论

一、思考题

1. 测量学的任务是什么?

2. 测量工作应遵循什么原则?

3. 表示地面点位有哪几种常用坐标系统?

4. 测量平面直角坐标系为什么采用与数学平面直角坐标系不同的定义?

5. 什么是绝对高程? 什么是相对高程?

6. 测量外业和内业工作的基准线和基准面分别是什么?

7. 确定地面点位的三个基本要素（测量的三项基本工作）是什么?

8. 和数学坐标系相比，测量坐标系有何不同?

9. 高斯平面直角坐标的纵轴、横轴是如何投影形成的?

10. 为什么要进行分带投影? 6°带投影和3°带投影分别如何进行?

11. 测量工作的基本原则是什么?

12. 在多大范围内，可以不考虑地球曲率对水平距离的影响? 为什么在高差测量中必须考虑地球曲率的影响?

二、习题

（一）填空题

1. 通过________海水面的________称为大地水准面。

2. 测量工作的基本内容是________、________、________。

3. 地面两点间高程之差，称为该两点间的________。

4. 在距离测量中，将地球表面当作水平面看待，指的是半径在________范围内的地球表面，地球曲率不至于影响距离测量成果的精度。

5. 地面一点的经度为过该点的子午面与________之间的________角。

6. 地面一点的纬度为过该点的法线与_______的交角。

7. 测量工作的基本原则是_________、_________、_________。

8. 测量学的基本任务是_________。

9. 测量外业工作的基准面是__________，基准线是 __________；内业工作的基准面是__________，基准线是__________。

10. 根据规定，在 2008 年后，我国应该采用的大地坐标系是_________ 坐标系统；我国目前采用的高程系统为______________。

11. 我国一般采用______投影方法将大地坐标系转换为平面直角坐标系。

（二）单项选择题

1. 确定大地水准面的大地测量属于（　　）。

A. 数学大地测量学　　B. 物理大地测量学

C. 卫星大地测量学　　D. 大地动力学

2. 大地水准面是测量外业工作的基准面，是由于（　　）。

A. 大地水准面只有一个　　B. 水准面之间相互平行

C. 大地水准面不规则　　D. 在外业观测时很容易得到铅垂线方向

3. 旋转椭球面是内业工作的基准面，是由于（　　）。

A. 旋转椭球面和法线正交

B. 旋转椭球面和大地水准面非常接近

C. 旋转椭球面可以用简单的数学模型表示

D. 旋转椭球面包括总椭球面和参考椭球面

4. 地面点沿基准线到高程基准面的距离称为该点的（　　）。

A. 相对高程　　B. 绝对高程

C. 高差　　D. 高程

5. 绝对高程的起算面是（　　）。

A. 水平面　　B. 大地水准面

C. 假定水准面　　D. 旋转椭球面

6. 我国的 CGCS2000 坐标系采用的椭球是（　　）。

A. 国际大地测量与地球物理联合会 GRS-75 椭球

B. 克拉索夫斯基椭球

C. WGS-84 椭球

D. 国际大地测量与地球物理联合会 GRS-80 椭球

7. 高斯投影的投影面是（　　）。

A. 椭圆柱面　　B. 平面

C. 椭球面　　D. 水准面

8. 高斯投影的投影面和旋转椭球面的关系是（　　）。

A. 投影面与旋转椭球面的某一条经线相割

B. 投影面与旋转椭球面的某一条经线相切

C. 投影面与旋转椭球面的某一条纬线相切

D. 投影面与旋转椭球面的某一条纬线相割

9. 高斯投影的椭圆柱面的轴（　　）。

A. 与旋转椭球面的旋转轴平行

B. 与旋转椭球面的旋转轴平行且通过旋转椭球的中心

C. 位于赤道面内与旋转椭球面的旋转轴平行且通过旋转椭球的中心

D. 位于赤道面内与旋转椭球面的旋转轴垂直且通过旋转椭球的中心

10. 关于高斯投影在投影前后的变形规律，正确的是（　　）。

A. 角度不发生变形、中央子午线的长度不发生变形

B. 面积不发生变形

C. 所有的长度都发生变形

D. 角度不发生变形、赤道的长度不发生变形

11. 关于高斯平面直角坐标系的描述，错误的是（　　）。

A. 我国境内的纵坐标都是正值

B. 纵轴是投影后的中央子午线、横轴是投影后的赤道

C. 横轴用 y 表示、纵轴用 x 表示

D. y 轴是投影后的中央子午线、x 轴是投影后的赤道

12. 以下哪一项不是测量工作必须遵循一些基本原则的理由？（　　）

A. 能检查出错误并控制测量误差积累

B. 当测区范围大时，便于分幅测图

C. 分幅测图时，保证每一幅图具有同等的测量精度

D. 减小劳动强度

（三）计算题

1. 请写出由某点的经度 L 求其高斯投影 3°带带号 N 以及中央子午线经度的公式，并确定当地所在的 3°带高斯投影的带号和中央子午线。

2. 我国领土东起黑龙江与乌苏里江的汇合处（东经 135°05′），西到帕米尔高原（东经 73°40′），请分别计算我国领土的 3°带和 6°带高斯投影的带号范围。

第2章　高程测量

一、思考题

1. 为何要设置转点？

2. 水准测量中为什么要求前后视距近似相等？

3. 尺垫在什么时候使用？

4. DSZ3 中各字母与数字的含义是什么？

5. 什么是视差？如何消除？

6. 电子水准仪的优势体现在何处？

7. 水准路线分为哪几种？其适用条件是什么？

8. 水准测量中为何要采用“后前前后”或“后后前前”的观测程序？三角高程测量的基本原理是什么？

9. 何谓高差闭合差？高差闭合差分配方法是怎样的？

10. 影响三角高程测量精度的主要因素有哪些？如何削弱或消除？

二、习题

（一）填空题

1. 转点的作用是__________，若转点是本站的前视，必然是下一站的_____视。

2. 在进行水准测量时，对地面上 A、B、C 点的水准尺读数，其值分别为 1.325 m、1.005 m、1.555 m，则高差 h_{BA}=________，h_{BC}=________，h_{CA}=________。

3. 高差 h_{AB} 为负值时，表示________高，_________低。

4. 用水准仪望远镜筒上的瞄准器照准水准尺后，在目镜中看到图像不清晰，应该旋转_____螺旋；若十字丝不清晰，应旋转__________螺旋。

5. 单一水准路线按布设形式分为_______、________和_________。

6. 支水准路线，要求进行_________测量，以构成检核条件，防止出现错误。

7. 四等水准测量，采用双面水准尺时，每站有______个读数。

（二）选择题

1. 已知 A 点高程 H_A=62.118 m，水准仪观测 A 点标尺的读数 a=1.345 m，则仪器视线高程为（　　）。

A. 60.773　　B. 63.463　　C. 62.118　　D. 无法计算

2.（多选）水准测量中要求前后视距近似相等，可以消除（　　）的影响。

A. 水准管轴不平行于视准轴　　B. 圆水准轴不平行于仪器竖轴

C. 十字丝横丝不水平　　D. 地球曲率

3. 产生视差的原因是（　　）。

A. 仪器校正不完善　　B. 物像与十字丝成像未重合

C. 十字丝分划板位置不正确　　D. 仪器固有特性，无法消除

4. 水准路线高差闭合差的分配原则是与（　　）成比例（　　）分配。

A. 高差的大小；同号　　B. 测段距离或测站数；同号

C. 高差的大小；反号　　D. 测段距离或测站数；反号

5. 附合水准路线高差闭合差的计算公式为（　　）。

A. $f_h=|h_{往}|-|h_{返}|$　　B. $f_h=\sum h$

C. $f_h=H_{终}-H_{始}$　　D. $f_h=\sum h-(H_{终}-H_{起})$

6.水准路线往返测高差平均值的符号是（　　）。

A. 恒为正　　B. 恒为负

C. 与往测高差一致　　D. 与返测高差一致

7.（多选）水准测量误差包括（　　）。

A. 水准尺误差　　B. 读数误差　　C. 大气折光影响误差　　D. i 角误差

8.（多选）下列可以提高三角高程测量精度的措施包括（　　）。

A. 对向观测　　B. 球气差改正

C. 采用电磁波测距　　D. 用视距测量法测距

（三）计算题

1. 在对水准仪进行 i 角检校时，先将水准仪安置在 A 和 B 两立尺点正中间，A、B 相距 80 m，使气泡严格居中，分别读得两尺读数为 a_1=1.573 m，b_1=1.415 m，然后将仪器搬到 A 尺附近，使气泡居中，读得 a_2=1.834 m，b_2=1.696 m。问（1）正确高差是多少？（2）水准管轴是否平行于视准轴？（3）若不平行，应如何校正？

2. 计算表 4.1 中水准测量观测高差及 B 点高程。

表 4.1　普通水准测量观测记录

测站	点号	水准尺读数/m		高差/m	高程/m	备注
		后视	前视			
1	BM.A	1.874			22.718	已知
	TP.1		0.919			
2	TP.1	1.727				
	TP.2		1.095			
3	TP.2	1.186				
	TP.3		1.823			
4	TP.3	1.712				
	B		1.616			
计算检核	$\sum$					
	$\sum a-\sum b=$			$\sum h=$		

3. 计算表 4.2 中的四等水准测量观测数据。

表 4.2　四等水准测量观测记录

测站编号	后尺 下丝 / 上丝 / 后距 / 视距差 d	前尺 下丝 / 上丝 / 前距 / $\sum d$	方向及尺号	标尺读数 后视 黑面	标尺读数 前视 红面	K+黑－红	高差中数	备注
1	1 979	0 738	后 K_1	1 718	6 405			
	1 457	0 214	前 K_2	0 476	5 265			
	52.2	52.4	后—前	+1.242	+1.140			
	−0.2	−0.2						K_1=4 687 K_2=4 787
2	2 739	0 965	后 K_2	2 461	7 247			
	2 183	0 401	前 K_1	0 683	5 370			
			后－前					
3	1 918	1 870	后 K_1	1 604	6 291			
	1 290	1 226	前 K_2	1 548	6 336			
			后－前					
4	1 088	2 388	后 K_2	0 742	5 528			
	0 396	1 708	前 K_1	2 048	6 736			
			后－前					
检查计算	$\sum D_a =$		$\sum$后视 $=$			$\sum h =$		
	$\sum D_b =$		$\sum$前视 $=$			$\sum h_{平均} =$		
	$\sum d =$		$\sum$后视 $-\sum$前视 $=$			$2\sum h_{平均} =$		

4. 在表 4.3 中进行某等外水准测量成果整理，计算高差改正数、改正后高差和高程。

表 4.3　水准路线成果整理

点号	路线长 L/km	观测高差 h_i/m	高差改正数 v_{h_i} /m	改正后高差 $\hat{h}_i$ /m	高程 H/m	备注
BM.A					7.967	已知
	1.5	+4.362				
1						
	0.6	+2.413				
2						
	0.8	− 3.121				
3						
	1.0	+1.263				
4						
	1.2	+2.717				
5						
	1.6	− 3.715				
B					11.819	已知
$\sum$						

$f_h = \sum h_{测} - (H_B - H_A)$　　　$f_{h容} = \pm 40\sqrt{L}$

$v_{1\,km} = -\dfrac{f_h}{\sum L} =$　　　$\sum v_{h_i} =$

5. 根据如图 4.1 所示的闭合水准测量路线的观测成果，分配闭合差，并求出各点高程。H_{I}=48.966 m。

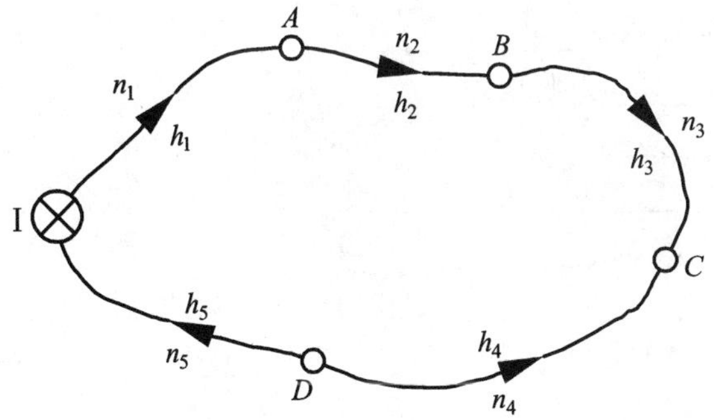

h_1=+1.224 m　　n_1=10站

h_2=−1.424 m　　n_2=8站

h_3=+1.781 m　　n_3=8站

h_4=+1.714 m　　n_4=12站

h_5=+0.108 m　　n_5=12站

图 4.1　闭合水准路线

第3章　角度测量

一、思考题

1. 经纬仪主要由哪几个部分组成？

2. 经纬仪有哪几条主要轴线？它们应满足什么条件？

3. 经纬仪安置时，对中、整平的目的是什么？用光学对中器如何对中、整平？

4. 为什么进行经纬仪水平度盘读数配置？

5. 何谓视差？产生视差的原因是什么？观测时如何消除视差？

6. 水平角方向观测法中的 $2c$ 有何含义？为什么要计算 $2c$ 并检核其互差？

7. 测量水平角时，为什么要用盘左、盘右两个位置分别观测？

8. 何谓竖盘指标差？如何消除竖盘指标差对竖直角的影响？

9. 方向法水平角观测时“归零”的目的是什么？

10. 水平角观测中的照准误差与目标偏心误差有什么区别？

11. 用经纬仪瞄准同一竖直面内不同高度的两点，水平度盘上的读数是否相同？在竖直度盘上的两读数差是否就是竖直角？

12. 采用盘左盘右观测取中数的观测程序，能否消除竖轴倾斜误差对水平角的影响？如何削弱这一项误差的影响？

13. 全站仪照准部制动后翻转望远镜，水平读数会随之有微小变化，为什么？

14. 试述测回法操作步骤、记录计算及限差规定。

二、习题

（一）填空题

1. 用测回法对某一角度观测6测回，则第4测回零方向的水平度盘应配置为__________左右。

2. 经纬仪（全站仪）的主要几何轴线有________、________、________、________。

3. 竖直角有正、负之分，仰角为_____，俯角为_____。

4. 水平角的作用是________________。

5. 产生视差的原因是__________________。

6. 经纬仪的安置工作包括________、________。

7. 竖直角就是在同一竖直面内_______与_______之夹角，竖直角的范围是__________。

8. 在经纬仪安置过程中，整平的目的是使____________________________，对中的目的是使____________________________。

9. 根据水平角的测角原理，经纬仪的视准轴应与________相垂直。当经纬仪的竖轴位于铅垂线位置时，照准部的水准管气泡应在任何位置都________。

10. 整平经纬仪时，先将水准管与一对脚螺旋连线________，转动两脚螺旋使气泡居中，再转动照准部________，调节另一脚螺旋使气泡居中。

11. 竖盘指标差是指当___________水平时，竖盘读数指标没指向________所产生的读数差值。

12. 盘左盘右求平均测定某目标的竖直角，可消除________误差的影响。这个误差的计算公式为______________。

13. 经纬仪是测定角度的仪器，它既能观测________角，也可以观测________角。

14. 水平角是经纬仪置测站点后，所照准两目标的视线，在________投影面上的夹角。水平角的范围是___________。

15. 经纬仪竖盘指标差为零，当望远镜视线水平时，竖盘盘左读数应为________，盘右读数应为_________。

（二）选择题

1. 某水平角要求观测 4 个测回，则第 3 测回盘左起始位置水平度盘应配置成(　　)左右。

A. 45°　　B. 90°　　C. 135°　　D. 0°

2. 测水平角时，各测回零方向采取累加 $\frac{180°}{n}$ 的方式配置度盘，目的是（　　）。

A. 防止错误　　B. 提高精度

C. 减小归零差　　D. 减小度盘刻划不均匀对观测值的影响

3. 水平角观测一测回解释为（　　）。

A. 全部测量一次叫一测回

B. 往返测量叫一测回

C. 盘左、盘右观测的两个半测回合称为一测回

D. 循环着测一次

4. 经纬仪不能直接用于测量（　　）。

A. 点的坐标　　B. 水平角　　C. 垂直角　　D. 视距

5. 经纬仪（全站仪）观测水平角时，尽量照准目标底部，其目的是消除（　　）误差对测角的影响。

A. 对中误差　　B. 照准误差　　C. 目标偏离中心　　D. 整平误差

6. 经纬仪光学对中器对中和整平操作的关系是（　　）。

A. 相互影响，应反复进行　　B. 先对中后整平，不能反复进行

C. 先整平后对中，不能反复进行　　D. 相互独立进行，没有影响

7. 竖直角观测时用（　　）瞄准目标。

A. 竖丝　　B. 横丝　　C. 上丝　　D. 下丝

8. 水平角测量时用（　　）瞄准目标。

A. 竖丝　　B. 上丝　　C. 横丝　　D. 下丝

9. 竖直角进行盘左、盘右观测取算数平均值可以消除（　　）。

A. 视准轴误差　　B. 横轴误差　　C. 照准部偏心误差　　D. 竖盘指标差

10. 经纬仪测量水平角时，正倒镜瞄准同一方向所读的水平方向值理论上应相差（　　）。

A. 180°　　B. 0°　　C. 90°　　D. 270°

11. 地面上两相交直线的水平角是（　　）的夹角。

A. 这两条直线的空间实际线　　B. 这两条直线在水平面上的投影线

C. 这两条直线在竖直面上的投影线　　D. 这两条直线在倾斜面上的投影线

12. 当经纬仪的望远镜上下转动时，竖直度盘（　　）。

A. 与望远镜一起转动　　B. 与望远镜相对转动

C. 不动　　D. 有时一起转动有时相对转动

13. 当经纬仪竖轴与目标点在同一竖面时，不同高度的水平度盘读数（　　）。

A. 相等　　B. 不相等

C. 盘左相等，盘右不相等　　D. 盘右相等，盘左不相等

14. 经纬仪视准轴检验和校正的目的是（　　）。

A. 使视准轴垂直于横轴　　B. 使横轴垂直于竖轴

C. 使视准轴平行于水准管轴　　D. 使视准轴平行于横轴

15. 采用盘左、盘右的水平角观测方法，可以消除（　　）误差。

A. 对中　　B. 十字丝竖丝不铅垂　　C. 整平　　D. $2c$

16. 用测回法观测水平角，测完上半测回后，发现水准管气泡偏离 2 格多，在此情况下应（　　）。

A. 继续观测下半测回　　B. 整平后观测下半测回

C. 继续观测或整平后观测下半测回　　D. 整平后全部重测

17. 在经纬仪照准部的水准管检校过程中，大致整平后使水准管平行于一对脚螺旋连线，使气泡居中，当照准部旋转 180°后，气泡偏离超出一格，说明（　　）。

A. 水准管轴不平行于横轴　　B. 仪器竖轴不垂直于横轴

C. 水准管轴不垂直于仪器竖轴　　D. 水准管轴不平行于视准轴

18. 测量竖直角时，采用盘左、盘右观测，其目的之一是可以消除（　　）误差的影响。

A. 对中　　B. 视准轴不垂直于横轴

C. 整平　　D. 竖盘指标差

19. 观测水平角时，尽量照准目标的底部，是为了消除（　　）误差影响。

A. 对中　　B. 照准　　C. 目标偏离中心　　D. 整平

20. 用测回法观测水平角，若右方目标的方向值 $\alpha_{右}$ 小于左方目标的方向值 $\alpha_{左}$，则水平角 β 的计算方法是（　　）。

A. $\beta=\alpha_{左}-\alpha_{右}$　　B. $\beta=\alpha_{右}-180°-\alpha_{左}$

C. $\beta=\alpha_{右}+360°-\alpha_{左}$　　D. $\beta=\alpha_{右}+180°-\alpha_{左}$

21. 经纬仪的竖盘按顺时针方向注记，用该仪器观测一高处目标，盘左竖盘读数为 75°10′24″，则此目标的竖角为（　　）。

A. 57°10′24″　　B. −14°49′36″　　C. 104°49′36″　　D. 14°49′36″

22. 经纬仪在盘左位置时将望远镜置平，使其竖盘读数为 90°，望远镜物镜端抬高时读数减少，其盘左的竖直角公式为（　　）。

A. $\alpha_{左}=90°-L$　　B. $\alpha_{左}=L-90°$　　C. $\alpha_{左}=180°-L$　　D. $\alpha_{左}=L-180°$

23. 竖直指标水准管气泡居中的目的是（　　）。

A. 使竖盘处于铅垂位置　　B. 使竖盘指标指向 90°

C. 使度盘指标指向 270°　　D. 使度盘指标指向 90°或 270°

24. 测定一点竖直角时，若仪器高不同，但都瞄准目标同一位置，则所测竖直角（　　）。

A. 相同　　B. 不同

C. 盘左相同，盘右不同　　D. 盘右相同，盘左不同

25. 方向法观测水平角时，同一盘位起始方向的两次读数之差叫（　　）。

A. 归零差　　B. 测回差　　C. 互差　　D. 指标差

26. 在全圆测回法中，同一测回不同方向之间的 $2c$ 值为−18″、+2″、0″、+10″，其 $2c$ 互差应为（　　）。

A. −18″　　B. −6″　　C. 1.5″　　D. 28″

27. 竖角亦称高度角，是指在同一垂直面内倾斜视线与水平线之间的夹角，其角值范围为（　　）。

A. 0° ~ 360°　　B. 0° ~ ±180°　　C. 0° ~ ±90°　　D. 0° ~ 90°

28. 在测量学科中，水平角的角值范围是（　　）。

A. 0° ~ 360°　　B. 0° ~ ±180°　　C. 0° ~ ±90°　　D. 0° ~ 90°

29. 在经纬仪水平角观测中，若某个角需要观测几个测回，为了减少度盘分划误差的影响，各测回间应根据测回数 n，按（　　）变换水平度盘位置。

A. $\frac{90°}{n}$　　B. $\frac{180°}{n}$　　C. $\frac{270°}{n}$　　D. $\frac{360°}{n}$

30. 通过对盘左、盘右所测的角度取平均值的做法能消除（　　）误差对测角的影响。

A. 视准轴误差　　B. 横轴误差　　C. 照准部偏心误差　　D. 竖盘指标差

（三）判断题

1. 用经纬仪瞄准同一竖直面内不同高度的两点，水平度盘上的读数相同，竖盘上的读数也相同。（　　）

2. 测角时水平度盘不随照准部一起转动，而读数指标系统随照准部同步转动。（　　）

3. 经纬仪的望远镜绕横轴转动时，竖直度盘也会随着一起转动，而竖盘指标装置不随望远镜的转动而转动。（　　）

4. 测量水平角时，正倒镜瞄准同一方向所读的水平方向值理论上应相差 90°。（　　）

5. 望远镜物镜光心与十字丝分划板中心的连线，称为横轴。（　　）

6. 水平角观测中，方向观测法的限差可只考虑 $2c$ 互差、归零差。（　　）

7. 水平角观测中，测回法通常有归零差、$2c$ 互差和测回差。（　　）

8. 照准部旋转中心与水平度盘分划中心不重合称为照准部偏心差。（　　）

9. 测回法测量竖直角时盘左、盘右读数的理论关系是两者之差为 180°。（　　）

10. 经纬仪满足三轴相互垂直条件时，望远镜围绕横轴旋转，扫出的面是个铅垂面。（　　）

11. 盘左、盘右两个盘位观测水平角，取其观测结果的平均值，可以消除视准轴误差、横轴误差和照准部偏心误差对水平角的影响。（　　）

12. 水平角观测时，风力大小影响水平角的观测精度。（　　）

（四）计算题

1. 完成表 4.4 中测回法水平角观测的各项计算。

2. 计算表 4.5 中方向观测法的水平角测量成果。

3. 计算表 4.6 竖直角观测的指标差和竖直角。

表 4.4　测回法水平角观测记录

测站	测回	目标	度盘读数		半测回角值	一测回角值	各测回平均角值
			盘左	盘右			
			° ′ ″	° ′ ″	° ′ ″	° ′ ″	° ′ ″
O	1	*A*	0 00 24	180 00 54			
		B	58 48 54	238 49 18			
	2	*A*	90 00 12	270 00 36			
		B	148 48 48	328 49 18			

表 4.5　方向观测法水平角观测记录

测回数	测站	目标	盘左读数	盘右读数	$2c$	平均读数	一测回归零方向值	各测回归零方向平均值	角值
			° ′ ″	° ′ ″	″	° ′ ″	° ′ ″	° ′ ″	° ′ ″
1	*O*	*A*	0 02 36	180 02 36					
		B	70 23 36	250 23 42					
		C	228 19 24	48 19 30					
		D	254 17 54	74 17 54					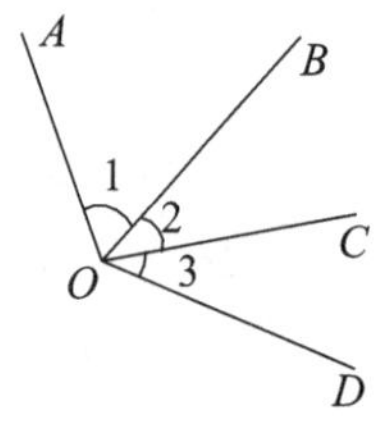
		A	0 02 30	180 02 36					
2	*O*	*A*	90 03 12	270 03 12					
		B	160 24 06	340 23 54					
		C	318 20 00	138 19 54					
		D	344 18 30	164 18 24					
		A	90 03 18	270 03 12					

表 4.6　竖直角观测记录

测站	目标	竖盘位置	竖盘读数	半测回角值	指标差	一测回角值	备注
			° ′ ″	° ′ ″	″	° ′ ″	
O	*M*	左	81 18 42				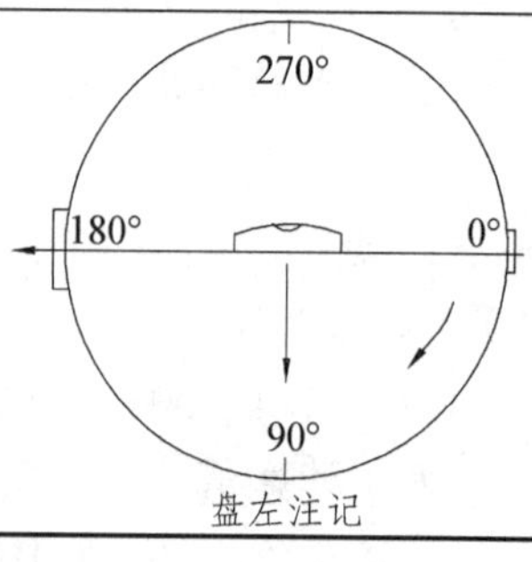盘左注记
		右	278 41 30				
	N	左	124 03 30				
		右	235 56 54				

4. 某台经纬仪的竖盘构造是：盘左位置当望远镜水平时，指标指在 90°，竖盘逆时针注记，物镜端为 0°。用这台经纬仪对一高目标 *P* 进行观测，测得其盘右的读数为 263°18′25″，试确定盘右的竖直角计算公式，并求出其盘右时的竖直角。

第 4 章　距离测量与直线定向

一、思考题

1. 影响距离丈量精度的因素有哪些？

2. 直线定线与直线定向有何区别？

3. 直线定向的目的是什么？常用什么来表示直线方向？

4. 钢尺量距、视距测量与电磁波测距各有何优缺点？

5. 某全站仪标称精度为：“测角 2″，测距 2 mm+2 ppm”，是什么含义？

6. 磁方位角与坐标方位角有何关系？

7. 为什么坐标方位角是最常用的方位角？怎样由已知边的坐标方位角、已知边与未知边之间的水平角来推算未知边的坐标方位角？

二、习题

（一）填空题

1. 确定直线方向的工作称为____________，用目估法或经纬仪法把某直线各分段点标定在地面的工作称为 _____________。

2. 距离测量是用_____________误差来衡量其精度的，该误差是用分子为_____________的______形式来表示，其计算公式为____________。

3. 测量地面两点间的距离，指的是两点间的_____________距离。

5. 直线定向常用的标准方向有__________、___________和___________。

6. 某点磁偏角为该点的_____________方向与该点的_____________方向的夹角。

7. 某直线的正坐标方位角与该直线的反坐标方位角相差________________。

8. 直线的象限角是指直线与标准方向的北端或南端所夹的__________角，并要标注所在象限。

9. 某直线 AB 的方位角为 123°20′，则它的反方向 BA 的方位角为_______________。

10. 方位角的取值范围是_____________。

（二）单项选择题

1. 距离丈量目的是求得两点间的（　　）。

A. 斜线距离　　B. 水平距离

C. 直线距离　　D. 相对距离

2. 某段距离的平均值为 100 mm，其往返较差为−20 mm，则相对误差表示正确的是(　　)。

A. $\dfrac{-0.02}{100}$　　B. −0.002　　C. $-\dfrac{1}{5\,000}$　　D. $\dfrac{1}{5\,000}$

3. 在距离丈量中衡量精度常用的指标是（　　）。

A. 往返较差　　B. 相对误差　　C. 闭合差　　D. 绝对误差

4. 某直线的坐标方位角为 163°50′36″，则其反坐标方位角为（　　）。

A. 253°50′36″　　B. 196°09′24″　　C. 343°50′36″　　D. −16°09′24″

5. 坐标方位角是以（　　）为标准方向，顺时针转到测线的夹角。

A. 真子午线方向　　B. 磁子午线方向

C. 坐标纵轴方向　　D. 中央子午线方向

6. 当视线倾斜进行视距测量时，水平距离的计算公式是（　　）。

A. $Kl+C$　　B. $Kl\cos\alpha$

C. $Kl\sin\alpha$　　D. $Kl\cos^2\alpha$

7. 视距测量是用视距丝装置，根据几何光学原理同时测定两点间的（　　）的方法。

A. 长度和高差　　B. 水平距离和高差

C. 距离和高程　　D. 竖直角和高差

8. 用钢尺进行直线丈量，下面哪一项提法与丈量工作无关？（　　）

A. 尺身放平　　B. 确定好直线的坐标方位角

C. 丈量水平距离　　D. 目估或用经纬仪定线

（三）计算题

1. 用钢尺丈量一条直线，往测丈量的长度为 217.30 m，返测为 217.38 m，今规定其相对误差不应大于 1/2 000。试问：（1）此测量成果是否满足精度要求？（2）按此规定，若丈量 100 m，往返丈量最大可允许相差多少毫米？

2. 已知地面上 A 点的磁偏角为$-3°10'$，子午线收敛角为$+1°05'$，由罗盘仪测得直线 AB 的磁方位角为 $63°45'$，试求直线 AB 的坐标方位角 α_{AB}，并绘出关系略图。

3. 有 OA、OB、OC、OD 四条直线，它们的象限角分别为北东 12°、南东 25°、南西 33°、北西 76°，请计算出四条直线的坐标方位角。

4. 如图 4.2 所示，已知 $\alpha_{MA}=145°00'00''$，A 到 B 各转角的观测值为：

$\beta_A=109°00'10''$，$\beta_1=203°30'26''$，$\beta_2=154°20'32''$，$\beta_3=213°40'08''$，$\beta_B=104°10'14''$。

试求 $A1$、12、23、$3B$、BN 的坐标方位角。

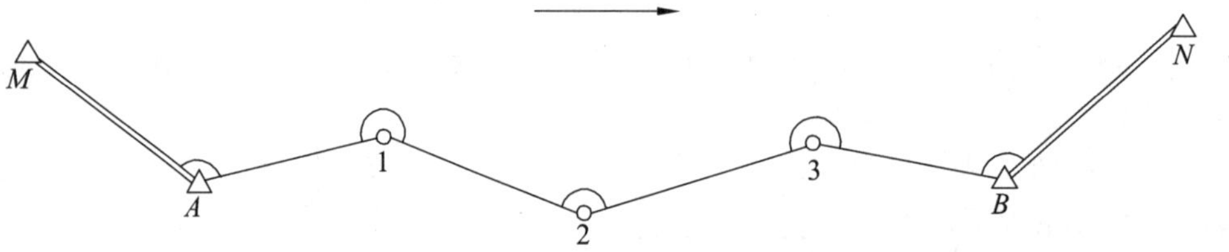

图 4.2　方位角推算

第 5 章　测量误差基本知识

一、思考题

1. 为什么说观测误差不可避免？

2. 通过什么现象发现测量误差？发现误差的必要条件是什么？

3. 如何判定是等精度观测？等精度观测值的真误差是否相同？

4. 如何区分偶然误差和系统误差？

5. 为何要研究偶然误差的统计规律？

6. 为何中误差可作为衡量精度的指标？

7. 本章的相对误差与距离测量中的相对误差有何区别？

8. 误差传播定律解决了什么问题？它的适用条件是什么？

9. 根据算术平均值中误差公式，可以得出什么结论？

10. 权的作用是什么？加权平均值的权与算术平均值的权有什么关系？

11.“测量平差的目的是消除误差，提高观测值及其函数的精度”这样的提法正确吗？为什么？

二、习题

（一）填空题

1. 在观测条件不变的情况下，各角度观测值属于________观测值。

2. 误差可分为________、_________和________三种。

3. 当测量精度与测量值大小有关时，衡量测量精度一般用__________来表示。

4. n 次等精度观测的算术平均值的中误差是观测值中误差的_______倍。

5. 若一测站高差中误差为 $m_{站}$，则单程为 n 个测站的支水准路线往返测高差平均值的中误差为____________。

6. 一条直线分两段丈量，若它们的中误差分别为 m_1 和 m_2，则该直线丈量的中误差为______。

7. 对某角观测 4 次，观测值中误差为±20″，则该角的算术平均值中误差为_________。

8. 权与中误差的平方成________。

（二）单项选择题

1. 在同等条件下对 5 个三角形内角分别进行观测，其内角和闭合差为+4″、−3″、+1″、−2″、+6″，则这 5 次观测值精度（　　）。

A. 不相等　　B. 相等　　C. 无法确定

2. 下列属于偶然误差的是（　　）。

A. 照准误差和估读误差　　B. 2c 值

C. 水准管轴与视准轴不平行误差　　D. 指标差

3. 三角形内角和闭合差可以看作（　　）。

A. 中误差　　B. 真误差　　C. 相对误差　　D. 系统误差

4. 仪器对中误差属（　　）。

A. 偶然误差　　B. 系统误差　　C. 粗差　　D. 中误差

5. 在距离丈量中，衡量其丈量精度的是（　　）。

A. 相对误差　　B. 中误差　　C. 往返较差　　D. 极限误差

6. 下面距离测量的结果，精度优于 1/5 000 的是（　　）。

A. 100 m±0.030 m　　B. 150 m±0.035 m　　C. 200 m±0.040 m　　D. 250 m±0.045 m

7. 正方形一条边 a 的观测中误差为 m，利用 $S=4a$ 计算的正方形周长的中误差为（　　）。

A. m　　B. $2m$　　C. $3m$　　D. $4m$

8. 对某一量进行多次等精度独立观测，则该量的最优值为这组观测值的（　　）。

A. 最大值　　B. 最小值　　C. 算术平均值　　D. 中位数

9. 附合水准路线共设 n 站，每站观测中误差为 m，则该路线高差中误差为（　　）。

A. $\sqrt{n}$　　B. $m/\sqrt{n}$　　C. $m\times n$　　D. $m\sqrt{n}$

10. 下面对权的说法正确的是（　　）。

A. 水准测量的权与水准测量路线长度成正比

B. 水准测量的权与水准测量测站数成正比

C. 所有的权都是无单位的

D. 加权平均值的权为各观测值权之和

11. 下面说法错误的是（　　）。

A. 权等于 1 的观测值为单位权观测值

B. 权的定义式 $p_i=\dfrac{m_0^2}{m_i^2}$ 中的 m_0 可以取任意不为 0 的值

C. 权倒数传播率是误差传播率的特殊形式

D. 权越大对应观测值改正值越大

（三）计算题

1. 对某角度进行了 6 个测回，测量角值分别为 42°20′26″、42°20′30″、42°20′28″、42°20′24″、42°20′23″、42°20′25″。试计算：（1）该角的算术平均值。（2）观测值的中误差。（3）算术平均值的中误差。

2. 在等精度观测条件下，对某三角形进行 4 次观测，其三内角之和分别为：179°59′59″、180°00′08″、179°59′56″、180°00′02″。试求：（1）三角形内角和的观测中误差。（2）角度观测中误差。

3. 观测 BM_1 至 BM_2 间的高差时，共设 25 个测站，每测站观测高差中误差均为±3 mm。问：（1）两水准点间高差中误差是多少？（2）若使其高差中误差不大于±12 mm，测站不应超过多少个？

4. 设三角形三内角 α、β、γ 的权分别为 $p_1=1$、$p_2=1/2$、$p_3=1/4$，且误差独立，试计算三角形闭合差 f 的权。

5. 在比例尺为 1∶500 的地形图上，量得两点的长度为 $L=23.4$ mm，其中误差为 $m_1=\pm0.2$ mm，求该二点的实地距离 L 及其中误差 m_L。

6. 某角度的两个观测值 $L_1=38°50′40″$、$L_2=38°50′20″$。其中：L_1 是 4 个测回观测值的平均值，其每测回的中误差为±10″；L_2 是 9 个观测值的平均值，其每个测回的中误差为±9″。试求该角的最或然值及其中误差。

第 6 章　小区域控制测量

一、思考题

1. 导线有哪几种布设形式？分别适用于什么情况？

2. 平面控制和高程控制为什么采用不同的基准面？

3. 根据范围不同，平面控制网分为哪几种形式？

4. 测绘地形图和施工放样时，为什么要先建立测量控制网？当前建立控制网的主要方法是什么？

5. 在导线测量内业计算时，怎样衡量导线测量的精度？

6. 闭合导线与附合导线的内业计算主要有哪些不同之处？

7. 附合导线闭合差大是否一定是观测值质量不高引起？闭合导线结论是否与此相同？

8. 交会定点的方法主要有哪几种？各有什么特点？

9. GNSS 由哪几部分组成？各部分的作用是什么？

10. GNSS 的定位原理是什么？有哪几种定位方式？

二、习题

（一）填空题

1. 控制测量分为__________和__________。

2. 单导线的布置形式有__________、__________、__________。

3. 导线测量的外业工作分为__________、__________、__________、__________。

4. 闭合导线内业计算步骤可分为__________、__________、__________、__________、__________。

5. 闭合导线角度闭合差的分配原则是____________________。

6. 衡量导线测量精度的指标为__________。

（二）单项选择题

1. 目前，建立国家平面控制网的首选方法是（　　）。

A. 三角测量法　　B. 导线测量法　　C. GNSS 法　　D. 边角测量法

2. 高程控制测量一般用（　　）方法实施，精度高。

A. 三角网　　B. 导线网　　C. 水准网　　D. GPS 网

3. 高程控制网的布设原则不包括（　　）。

A. 先控制后碎部　　B. 从整体到局部

C. 从高级到低级　　D. 逐步加密

4. 导线选点应注意的内容不包括（　　）。

A. 点位分布均匀　　B. 便于安置仪器，且地势较低、视野开阔

C. 相邻导线点间通视良好　　D. 相邻导线边不能相差过大

5. 一附合导线观测 5 个右角，方位角闭合差为−20″，则角度调整值为（　　）。

A. −20″　　B. +20″　　C. +4″　　D. −4″

6. 图根导线测量中，一般情况下导线全长相对闭合差不应超过（　　）。

A. $\frac{1}{1\,000}$　　B. $\frac{1}{2\,000}$　　C. $\frac{1}{10\,000}$　　D. $\frac{1}{20\,000}$

7. 边长 D_{12}=73.469 m，方位角 α_{12}=115°18′12″，则 ΔX_{12}、ΔY_{12} 分别为（　　）。

A. +31.401 m、+66.420 m　　B. +31.401 m、−66.420 m

C. −31.401 m、+66.420 m　　D. −31.401 m、−66.420 m

8. 导线坐标增量闭合差调整的方法是将闭合差按与导线长度成（　　）的关系进行分配。

A. 正比例并反号　　B. 反比例并反号

C. 正比例并同号　　D. 反比例并同号

9. 两个已知点与一个未知点构成三角形，在两个已知点测量水平角后，计算未知点平面坐标的方法是（　　）。

A. 导线测量　　B. 侧方交会　　C. 后方交会　　D. 前方交会

10. 根据 GNSS 定位原理，要想得到接收机位置的三维坐标，至少应接收到（　　）颗卫星信号。

A. 1　　B. 2　　C. 3　　D. 4

（三）计算题

1. 已知 A 点坐标 X_A=437.620，Y_A=721.324；B 点坐标 X_B=239.460，Y_B=196.450。求 AB 之方位角及边长。

2. 已知导线各边的水平距离和方位角，请在表 4.7 中计算各边的坐标增量 ΔX、ΔY。

表 4.7　坐标增量计算

边　号	坐标方位角 /（°　′　″）	边长/m	ΔX/m	ΔY/m
1	41　32　24	246.136		
2	125　23　30	237.098		
3	247　22　48	150.453		
4	333　42　54	174.458		

3. 有一图根闭合导线，导线略图如图 4.3 所示，请在表 4.8 中完成导线内业计算。

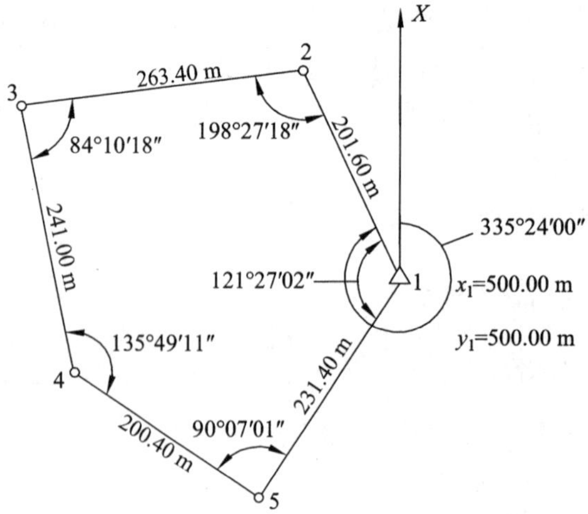

图 4.3　闭合导线

表 4.8　导线坐标计算表

点号	观测角（左角）	改正数/（″）	改正角	坐标方位角 α	距离 D /m	增量计算值		改正后增量		坐标值		点号
						Δx /m	Δy /m	Δx /m	Δy /m	x/m	y/m	
A	B	C	D=B+C	E	F	G	H	L	M	N	O	P
1										500.00	500.00	1
				335°24′00″	201.60							
2	108°27′18″											2
					263.40							
3	84°10′18″											3
					241.00							
4	135°49′11″											4
					200.40							
5	90°07′01″											5
					231.40							
1	121°27′02″											1
2												
$\sum$												
辅助计算												

4. 有一图根附合导线，导线略图如图 4.4 所示，请在表 4.9 中完成导线内业计算。

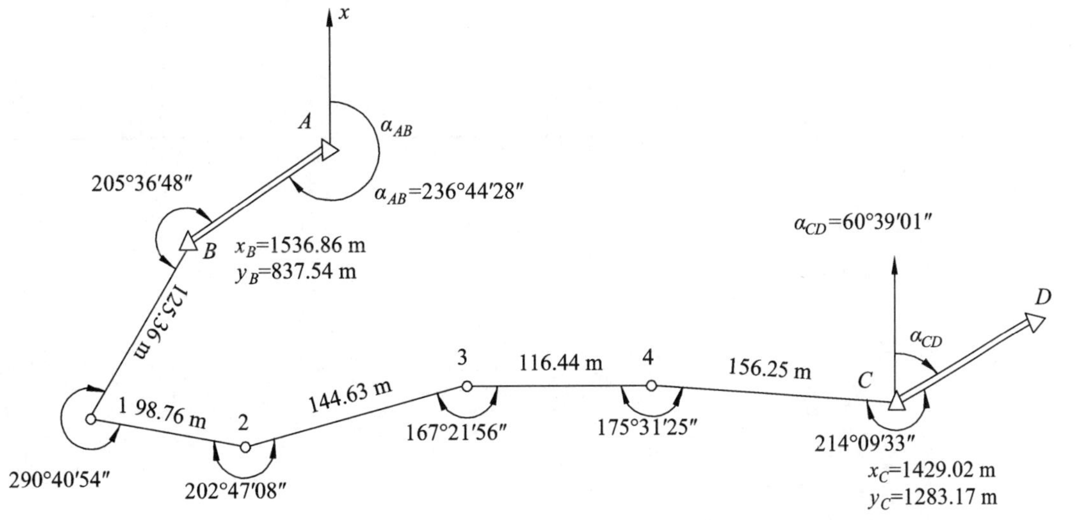

图 4.4　附合导线略图

表 4.9　导线坐标计算表

点号	观测角（右角）	改正数	改正角	坐标方位角 α	距离 D /m	增量计算值		改正后增量		坐标值		点号
						Δx/m	Δy/m	Δx/m	Δy/m	x/m	y/m	
A	B	C	D=B+C	E	F	G	H	L	M	N	O	P
A												*A*
				236°44′28″								
B	205°36′48″									1 536.86	837.54	*B*
					125.36							
1	290°40′54″											1
					98.76							
2	202°47′08″											2
					114.63							
3	167°21′56″											3
					116.44							
4	175°31′25″											4
					156.25							
C	214°09′33″									1 429.02	1 283.17	*C*
				60°38′01″								
D												*D*
Σ												
辅助计算												

第 7 章　大比例尺地形图的测绘和应用

一、思考题

1. 什么是地形图？从地形图上可以获得哪些信息？

2. 什么是比例尺精度？在当前普遍使用数字地形图的条件下，比例尺精度还有意义吗？

3. 地形图常用的比例尺表示方法是哪两种？

4. 何谓等高线？等高线有何特性？

5. 在同一幅图上，等高距、等高线平距与地面坡度三者之间的关系是什么？

6. 地形图测绘方法有哪几种？

7. 什么是地形特征点？

8. 为什么较小比例尺地形图采用梯形分幅？若采用矩形分幅会有什么问题？

9. 哪些比例尺地形图属于基本比例尺地形图？

10. 我国矩形分幅与编号是如何规定的？

11. 数字化测图为什么精度高？

12. 在什么前提下，可以说数字地形图精度与比例尺无关？

13. 利用数字地形图计算土方量，计算精度取决于哪些因素？

14. 在施工前后地表面均为不规则面的情况下，如何用 DTM 法计算土方量？如果用方格法呢？

15. 同样的观测数据和计算条件，采用不同的方法计算土方量，理论上结果会一样吗？为什么？

二、习题

（一）填空题

1. 相邻等高线之间的水平距离称为______。

2. 地形图的分幅方法有______和________。

3. 山脊的等高线应向_____方向凸出，山谷的等高线应向______方向凸出。

4. 在 1∶2 000 地形图上，量得某直线的图上距离为 18.17 cm，则实地长度为_________。

5. 已知某地形图上 *AB* 线段长度为 2.5 cm，其实地水平距离为 125 m，则该图的比例尺为_______，比例尺精度为_______米。

6. 地物符号包括_____________、_____________和_____________。

7. 要在 *AB* 方向上测设一条坡度为 1%的坡度线，已知 *A* 点高程为 24.05 m，*AB* 的实地水平距离为 120 m，则 *B* 点高程应为_____________。

8. 在 1∶10 000 地形图上，得到 *A*、*B* 两点的高差为 2 m，量得 *AB* 图上长度为 1.5 cm，则直线 *AB* 的坡度为_____________。

9. 比例尺的大小是以___________来衡量的，比例尺的分母愈大，比例尺愈___________；分母愈小，则比例尺愈__________。数字比例尺的分数值越大，表示比例尺越_________，它在图上表示的地物、地貌也越__________。

10. 图上面积相同的两幅地形图，比例尺分别为 1∶1 000 和 1∶500，则实地面积之比为________________。

11. 等高线可以分为_______、_________、_________和_______。

12. 在 1∶500 地形图上等高距为 0.5 m，则图上相邻等高线相距___________才能使地面有 8%的坡度。

（二）单项选择题

1. 我国大比例尺地形图采用什么分幅方法？（ ）

A. 正方形　　B. 矩形

C. 梯形　　D. 平行四边形

2. 按 1/2 基本等高距描绘出的等高线称为（ ）。

A. 计曲线　　B. 间曲线

C. 首曲线　　D. 助曲线

3. 在 1∶2 000 地形图上，设等高距为 1 m，现要设计一条坡度为 5%的等坡度路线，则路线上等高线间隔应为（ ）。

A. 0.1 m　　B. 0.1 cm

C. 1 cm　　D. 5 mm

4. 下列说法正确的是（ ）。

A. 等高线平距越大，表示坡度越小

B. 等高线平距越小，表示坡度越小

C. 等高距越大，表示坡度越大

D. 等高距越小，表示坡度越大

5. 比例尺为 1∶2 000 的地形图的比例尺精度是（ ）。

A. 0.2 cm　　B. 2 cm

C. 0.2 m　　D. 2 m

6. 展绘控制点时，应在图上标明控制点的（ ）。

A. 点号与坐标　　B. 点号与高程

C. 坐标与高程　　D. 高程与方向

7. 在 1∶1 000 地形图上，设等高距为 1 m，现量得某相邻两条等高线上两点 *A*、*B* 之间的图上距离为 0.01 m，则 *A*、*B* 两点的地面坡度为（ ）。

A. 1%　　B. 5%

C. 10%　　D. 20%

8. 地物符号中能表示地物的形状、大小和位置的是（ ）。

A. 比例符号　　B. 非比例符号　　C. 线性符号　　D. 注记符号

9. 在大比例尺 1∶500 的地形图上，一个 20 cm×30 cm 的方格所对应的实地面积是（ ）。

A. 60 m^2　　B. 1 500 m^2　　C. 15 000 m^2　　D. 7 500 m^2

10. 在同一幅地形图中，等高距是相同的，所以地面坡度与等高线平距关系正确的是（ ）。

A. 地面坡度越陡，等高线平距越小

B. 地面坡度与等高线平距无关

C. 地面坡度均匀，等高线平距不一定相等

D. 坡度越缓，等高线平距越小

11. 下列叙述正确的是（　　）。

A. 江河、平原、洼地属于地物　　B. 江河、湖泊、森林属于地貌

C. 江河、平原、丘陵属于地貌　　D. 江河、湖泊、道路属于地物

12. 山脊线也叫（　　）。

A. 分水线　　B. 集水线　　C. 山谷线　　D. 示坡线

13. 下列各种比例尺中，最小的是（　　）。

A. 1∶200　　B. 1∶500　　C. 1∶1 000　　D. 1∶5 000

14. 图幅大小为 50 cm×40 cm 的 1∶500 比例尺地形图，则 1 km^2 有（　　）。

A. 20 幅图　　B. 25 幅图　　C. 16 幅图　　D. 5 幅图

15. 下列关于地形图的比例尺说法正确的是（　　）。

A. 地形图的比例尺分母越大，比例尺越大

B. 比例尺分母的第一个数字常是 1、2、3、5

C. 地形图的比例尺分母越大，所表达的地形越粗略

D. 地形图的比例尺越大，测图所需的人力、物力及时间越少

16. 如图 4.5 所示，地形图的等高距为（　　）。

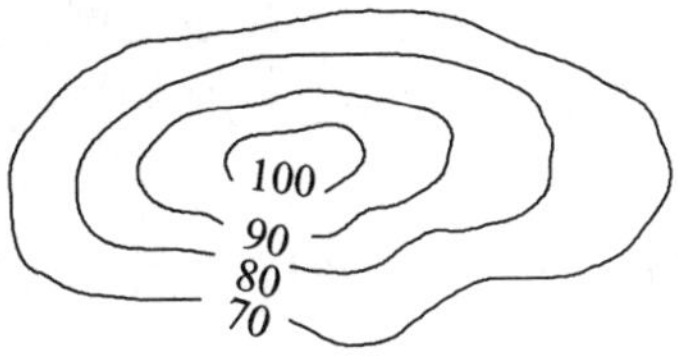

图 4.5 等高线

A. 10 m　　B. 2 m　　C. 5 m　　D. 1 m

17. 山头与洼地的等高线可采用（　　）来区分

A. 高程注记　　B. 等高距

C. 等高线平距　　D. 高程注记和示坡线

18. 在 1∶2 000 地形图上，求得两点图上的长度为 5 cm，高程 H_A=418.3 m，H_B=416.3 m，则 *BA* 直线的坡度正确的是（　　）。

A. −2%　　B. +2%　　C. −2‰　　D. +2‰

19. 地形图上相邻等高线间的水平距离称为（　　）。

A. 等高线　　B. 等高线平距　　C. 等高距　　D. 都不是

20. 地形图的比例尺，分母愈小，则（　　）。

A. 比例尺愈小，表示地物愈详细，精度愈高

B. 比例尺愈大，表示地物愈简略，精度愈低

C. 比例尺愈小，表示地物愈简略，精度愈高

D. 比例尺愈大，表示地物愈详细，精度愈高

21. 要绘制地面上某水塔在地形图上，宜采用（　　）。

A. 依比例绘制的符号　　B. 不依比例绘制的符号

C. 半依比例绘制的符号　　D. 地物注记

22. 在视距公式$h=\frac{1}{2}Kl\sin 2\alpha+i-v$中，$i$是指（　　）。

A. 上、下读数差　　B. 十字丝中丝在尺上读数

C. 仪器高　　D. 上丝读数

23. 在地形图上有高程分别为 26 m、27 m、28 m、29 m、30 m、31 m、32 m 的等高线，则需加粗的等高线为（　　）m。

A. 26、31　　B. 27、32　　C. 29　　D. 30

24. 不同纬度处，经度 1°所表示的地面距离是不同的，在纬度 0°、90°分别为（　　）。

A. 111.3 km、0 km　　B. 0 km、111.3 km

C. 110.6 km、111.7 km　　D. 78.8 km、0 km

（三）判断题

1. 道路、江河、森林为地物，而山地为地貌。（　）

2. 等高线平距越大，地面坡度越大。（　）

3. 地形图比例尺愈大，反映的地物、地貌愈简单。（　）

4. 碎部测量中，碎部点应选择在地物、地貌的特征点上。（　）

5. 地形图的分幅方法有两类，一种是矩形分幅，另一种是正方形分幅。（　）

6. 地物在地形图上的表示方法分为等高线、半依比例符号、非比例符号。（　）

7. 图上不仅表示出地物的平面位置，同时还把地貌用规定的符号表示出来，这种图称为平面图。（　）

8. 地面上高程相等的相邻各点连接而成的闭合曲线叫等高线。（　）

9. 两个地面点之间的高程差称为等高距。（　）

10. 地形图测绘时，如果要求基本等高距为 5 m，则内插描绘等高线可以是 10 m、15 m、20 m、25 m 等，也可以是 17 m、22 m、27 m 等。（　）

11. 平面图和地形图的区别在于平面图在图上仅表示地物的平面位置，地形图在图上仅表示地面的高低起伏状态。（　）

12. 采用经纬仪测绘法进行碎部测图时，一般使用量角器绘图，经纬仪仅用盘左位置观测水平角，因而读数要准确，读至秒。（　）

13. 我国各种比例尺地形图的分幅均采用梯形分幅形式，并以 1∶100 万为基础。（　）

14. 地形图上某点的横坐标值为 y=20 743 km，其中 20 为纵行号。（　）

15. 在地形图上按一定方向绘制纵断面图时，其高程比例尺和水平距离比例尺一般应相同。（　）

16. 勾绘等高线时，要对照实地情况，先画计曲线，后画首曲线，并注意等高线通过山脊线、山谷线的走向。（　）

17. 地形图等高距应根据比例尺的大小和地面起伏情况选定。（　）

18. 地形图整饰的顺序是：先图内后图外，先地物后地貌，先注记后符号。（　）

19. 不能用等高线表示的地貌，如悬崖、峭壁、土堆、冲沟、雨裂等，应按图示符号表示。（　）

20. 地形图的质量在很大程度上取决于立尺员能否正确合理地选择地形点。（　）

（四）计算题

1. 根据表 4.10 中的观测数据，计算出测站与测站间平距和各测点的高程。已知测站的高程为 70.50 m，仪器高为 1.45 m，当盘左观测视线水平时，竖盘读数为 90°；望远镜向上倾斜时，竖盘读数减小，竖盘指标差为-1.0′。

表 4.10　视距测量记录表

测站	视距间隔读数/m	中丝读数/m	竖盘读数（左）/(°　′)	竖直角/(°　′)	水平距离/m	高差/m	高程/m
1	1.05	1.5	86　47				
2	0.32	1.2	90　31				
3	0.81	1.5	105　35				
4	1.24	1.6	90　08				
5	1.35	1.5	86　47				
6	1.53	1.4	105　40				

2. 请分析图 4.6 的地形情况，并绘制出图中封闭区域中的等高线，图中坎高 1 m。

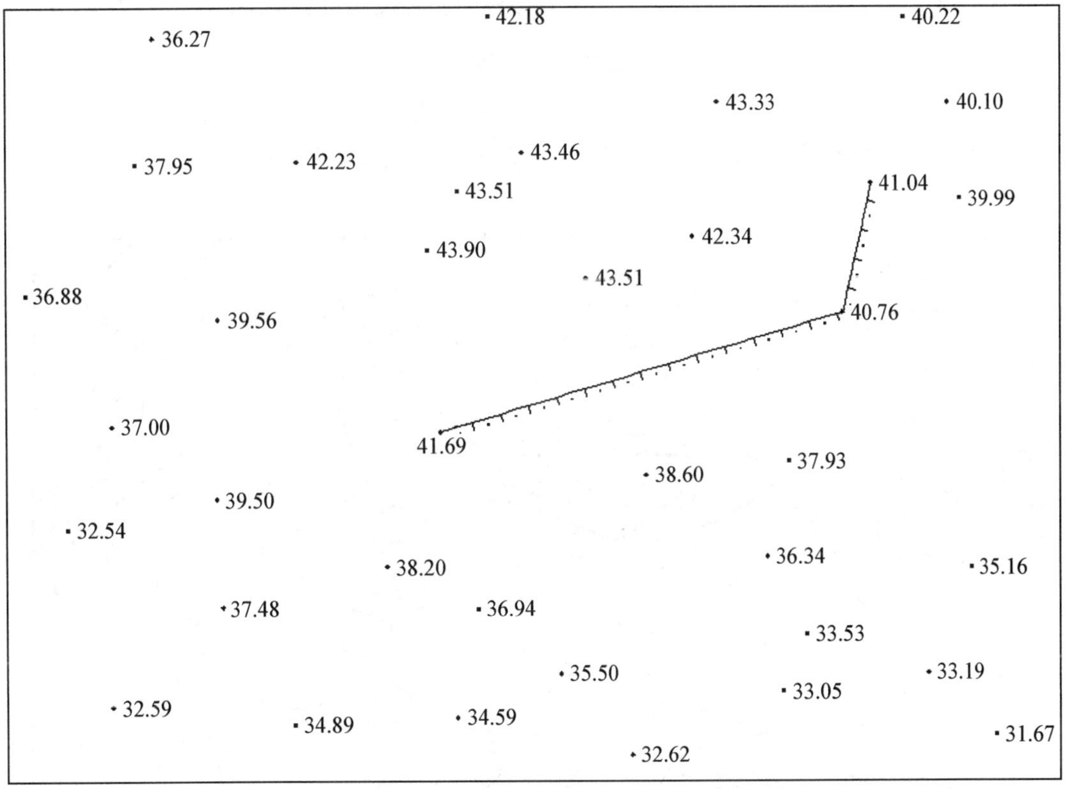

图 4.6　地形图

3. 在 1∶10 000 的地形图（图 4.7）上，用虚线（-----）标出路线上桥涵 *A* 和 *B* 的汇水面积。

图 4.7　某地形图

4. 在图 4.8（比例尺为 1∶2 000）中，完成下列工作：

（1）在地形图上用圆括号里的符号绘出山顶（△）、鞍部的最低点（×）、山脊线（—·—·—）、山谷线（……）。

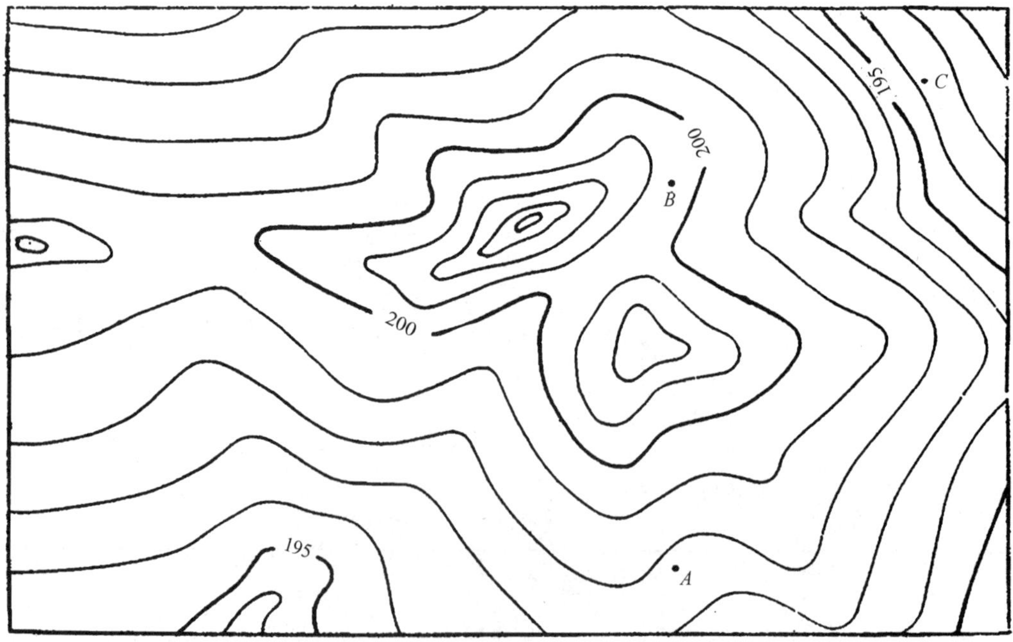

图 4.8　某地形图

（2）*B* 点的高程是多少？*AB* 的水平距离是多少？

（3）A、B 两点间，B、C 两点间是否通视？

（4）由 A 选一条既短、坡度又不大于 3%的线路到 B 点。

（5）绘 AB 断面图，平距比例尺为 1∶2 000，高程比例尺为 1∶200。

5. 设 A 点横坐标 Y_A=20 787 766.52 m，试计算 A 点所在 6°带内中央子午线的经度。A 点在中央子午线东侧还是西侧？距中央子午线有多远？

6. 已知某地经度为东经 100°36′，纬度为北纬 26°38′，求该地所在 1∶100 万、1∶10 万地形图的分幅编号。

第 8 章　建筑工程测量

一、思考题

1. 在建筑施工中，常采用什么坐标系？对建立该坐标系有什么具体要求？

2. 施工控制网与测图控制网各有什么特点？

3. 什么是建筑基线？其布设基本要求是什么？其布设形式有哪几种？

4. 平面施工控制过去常采用建筑基线和格网，是出于什么目的？现在用全站仪放样还有必要吗？

5. 用测距仪或者全站仪进行距离放样时，怎样借助于钢尺量距提高工作效率？

6. 放样平面点位有哪几种方法？分别适用于什么条件？

7. 在使用全站仪放样的条件下，应该首选什么放样法？该方法还可以结合什么距离测量方法以提高作业效率？

8. 采用极坐标法放样需要的放样数据有哪些？用全站仪实施时，还需要事先进行手工坐标反算吗？

9. 在高层建筑物施工过程中，将轴线投设到各楼层常采用的方法有哪些？其实施过程和优缺点分别是什么？

10. 在深基坑或高楼施工时，可以采用什么方法向上传递高程？

11. 工程竣工图的内容和技术标准有哪些？编制竣工总平面图的原因是什么？根据什么编制？具体怎样编制？

12. 使用 GPS-RTK 放样有何优劣？

二、习题

（一）填空题

1. 在各种工程的施工中，把图纸上设计的建筑物位置在实地上标定出来的工作称为______________。

2. 工程竣工后，还需要__________，以便于工程的管理、维修、扩建等；对于高大或者特殊建筑物，为保障其施工、维护和使用的安全性，必须进行_________。

3. 与测定相类似，施工放样主要是对__________、__________和__________等三要素进行放样。

4. 设计水平角度的测设有__________和__________方法。

5. 已知水平距离的测设，就是根据地面上一给定的直线起点，沿给定的__________，定出另外一点，使两点间的水平距离为给定的已知值。

6. 多种点位放样方法中，以方格网或建筑基线形式建立施工控制网的施工场地，一般宜采用_________进行点位放样。

7. 平整场地时，填挖高度是地面高程与__________之差。

8. 已知 A 点高程为 14.005 m，欲测设高程为 15.000 m 的 B 点，水准仪安置在 A、B 两点中间，在 A 尺读数为 2.031 m，则在 B 尺读数应为_________m，才能使 B 尺零点的高程为设计值。

9. 绘制竣工总平面图时，其比例尺一般为__________。

10. 工程建筑物的建筑限差是指建筑物竣工后的实际位置相对于设计位置的________，其大小一般是点位中误差的_________倍。

11. 施工放样与测图比较，__________精度要求更高。

（二）单项选择题

1. 为了计算和使用方便，建筑施工控制网一般都采用（　　）。

A. 大地坐标系　　B. 高斯平面直角坐标系

C. 独立测量坐标系　　D. 切线坐标系

2. 施工放样与测图相比，其精度要求（　　）。

A. 高得多　　B. 相对高些

C. 相同　　D. 相近

3. 工程建设中所进行的各种测量工作属（　　）的范畴。

A. 大地测量　　B. 工程测量

C. 普通测量　　D. 摄影测量

4. 施工测量的基本工作是测设点的（　　）。

A. 平面位置和高程　　B. 平面位置和角度

C. 高程　　D. 高程和角度

5. 利用水准测量法放样的设计高差 $h=-1.500$ m，设站观测后视尺读数 $a=0.657$ m，则高差放样的 b 值为（　　）m。

A. +0.843　　B. −0.843

C. +2.157　　D. −2.157

第 9 章　道路工程测量

一、思考题

1. 在道路圆曲线上为什么要加缓和曲线？它的特性是什么？

2. 道路曲线上有哪些主要特征点（绘图说明）？

3. 切线支距法和偏角法道路曲线放样的区别是什么？

4. 利用切线支距法进行单圆曲线上任意点坐标计算，将独立坐标转到测量坐标时，公共点是什么点？

5. 什么叫“基平测量”？什么叫“中平测量”？中平测量一般用什么方法施测？

6. 道路定测的任务是什么？包括哪些内容？

7. 道路横断面测量有哪些方法？分别是如何进行施测的？

8. 绘制纵横断面图，需要测量什么数据？

9. 位于水中的桥梁墩台定位测量一般采用什么方法施测？为什么要采用这种方法？

二、习题

（一）填空题

1. 按路线前进方向，偏转后的方向与原方向的水平夹角叫__________，位于原方向左侧的叫__________，位于右侧的叫__________。

2. 路线上里程桩的加桩分为____________和____________。

3. 单圆曲线的几何参数是指____________、____________、____________、____________。

4. 单圆曲线的主点有____________、____________、____________。

5. 圆曲线整桩点里程计算是根据计算出的曲线要素，由一已知点里程沿__________方向，推算主点桩号。一般已知_______点里程，它是从前一直线段推算而得，然后再由其里程，根据曲线测设元素，推算其他整桩点里程。

6. 用切线支距法测设单圆曲线所建立的独立坐标系统，以_____________为坐标原点，以___________为 x 轴，以________________________为 y 轴。

7. 在偏角法单圆曲线测设中，利用__________和__________来确定曲线上任意点的位置。

8. 横断面测量的目的是____。

9. 纵断面图是根据____________和____________绘制的。

10. 已知后视 A 点高程为 H_A，A 尺读数为 a，前视点 B 尺读数为 b，其视线高为_________，B 点高程为_________。

（二）单项选择题

1. 公路中线测量中，设置转点的作用是（　　）。

A. 传递高程　　B. 传递方向　　C. 加快观测速度　　D. 传递距离

2. 在公路中线测量中，测得某交点的右角为 130°，则其转角为（　　）。

A. $\alpha_{左} = 50°$　　B. $\alpha_{右} = 50°$　　C. $\alpha = 130°$　　D. $\alpha = 50°$

3. 交点（JD）到直圆（ZY）点的距离称为（　　）。

A. 切线长　　B. 曲线长　　C. 外矢距　　D. 切曲差

4. 采用偏角法测设圆曲线时，其偏角应等于相应弧长所对圆心角的（　　）。

A. 2 倍　　B. 1/2　　C. 2/3　　D. 1/3

5. 某带有缓和曲线的圆曲线，交点（JD）里程为 K2+643.00，该曲线全长 360.20m，切线长 T 为 183.44m，里程从 ZH 点到 HZ 点为增加，则 HZ 点的里程为（　　）。

A. K2+639.66　　B. K2+826.44　　C. K2+459.56　　D. K2+819.76

6. 基准水准点设置的位置应选择在（　　）。

A. 路中心线上　　B. 施工范围内　　C. 施工范围以外　　D. 道路中桩上

7. 路线中平测量是测定路线（　　）的高程。

A. 水准点　　B. 转点　　C. 各中桩　　D. 地形点

8. 视线高等于（　　）加后视点读数。

A. 后视点高程　　B. 转点高程

C. 前视点读数　　D. 前视点高程

9. 路线纵断面水准测量分为（　　）和中平测量。

A. 基平测量　　B. 水准测量

C. 高程测量　　D. 控制测量

10. 大中型桥梁的平面控制网网型一般不布设成（　　）。

A. 双三角形　　B. 有对角线的四边形

C. 双四边形　　D. 中点多边形

（三）计算题

1. 试计算虚交点 JD 的曲线测设元素（图 4.9）、主点里程，并简述曲线主点测设的方法与步骤。

已知：R=40 m，基线 AB=25 m，$\angle B$=30°，$\angle A$=45°，A 点里程为 K2+364.70，里程由 A 到 B 为增加，sin75°=0.965 926，tan18.75°=0.339 454。

2. 如图 4.10，在公路工程测量中，已知 AB 方位角 α_{AB}=289°42″28″，BC 方位角 α_{BC}=293°49′34″，B 点坐标 X_B=3 007.035 m、Y_B=5 557.329 m，桩号为 K2+439.57，曲线半径 R=1 500.000 m。计算圆曲线的：曲线长 L、切线长 T、外矢距 E、偏角 α、圆心坐标及圆曲线主点 BC（ZY）、MC（QZ）、EC（YZ）的桩号。

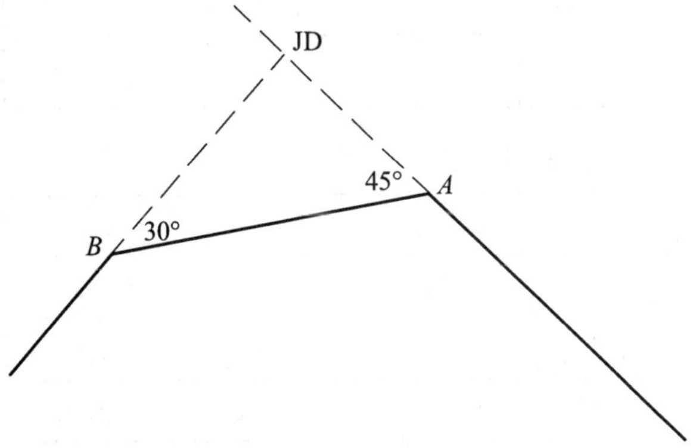

图 4.9　曲线测设

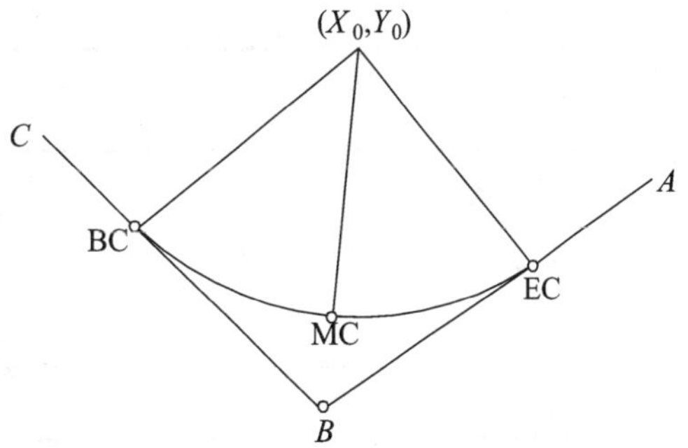

图 4.10　圆曲线测设

3. 完成表 4.11 的中平测量计算。

表 4.11　中平测量计算

立尺点	水准尺读数/m			视线高/m	高程/m
	后视	中视	前视		
BM_1	2.047				99.246
K4+000		1.82			
K4+020		1.67			
K4+040		1.91			
K4+060		1.56			
ZD_1	1.734		1.012		

4. 某圆曲线 R=50 m，主点桩号为：ZY：K2+427；QZ：K2+459；YZ：K2+491。试求：（1）若桩距为 10 m，用偏角法按整桩号测设圆曲线的测设数据，并填写在表 4.12 中。

（2）绘示意图，并说明如何将各桩号点测设到地面上去？（表 4.13 是已知数据）

表 4.12　偏角计算表

桩号及里程	弧长 /m	弦长 /m	偏角 /（°　′　″）	总偏角 /（°　′　″）

表 4.13　已知数据

曲线长	1	2	3	4	5
偏角	34′23″	1°08′45″	1°43′08″	2°17′31″	2°51′53″

曲线长	6	7	8	9	10	20
偏角	3°26′16″	4°00′39″	4°35′01″	5°09′24″	5°43′46″	11°27′33″

注：曲线长的单位为 m，偏角单位为（°　′　″）。

第 10 章　地质勘探工程测量

一、思考题

1. 地质勘探工程测量的基本任务有哪些？
2. 简述地质勘探工程测量的一般过程。
3. 如何进行地质剖面测量？

二、习题

（一）填空题

1. 地质勘探通常是指矿产资源的________与_________两个阶段。
2. 勘探线、勘探网的测设就是将______与勘探线的______测设于实地。
3. 钻探工程测量的主要内容是 ________和__________。
4. 钻孔位置测量的工作程序分为________、______和_______三个步骤。
5. 勘探网的形状和密度由矿体的_________和_________确定。

（二）单项选择题

1. 在对矿山进行详查结束后，应编制矿区（　　）地形地质图，以备后续工作使用。

　A. 小比例尺　　B. 中比例尺　　C. 大比例尺　　D. 任意比例尺

2. 通常地形图的比例尺与地质填图的比例尺（　　）。

　A. 相同　　B. 可以任意确定　　C. 不同

3. 勘探线的间距一般在（　　）m 至 1 000 m 之间。

　A. 5　　B. 10　　C. 15　　D. 20

4. 地质剖面测量时，高程误差不得超过地形地质图基本等高距的（　　）。

　A. 1/10　　B.　1/5　　C.　1/2　　D. 1/4

5. 地质勘探工程测量的主要任务可分为（　　）两大部分。

　A. 剖面测量与钻孔测量　　B. 平面测量和高程测量
　C. 基础测量与工程测量　　D. 剖面测量与工程测量

第五部分

测量学习题参考答案

本部分为测量学习题的参考答案，请在老师指导下合理参考。

第 1 章　绪　论

二、习题

（一）填空题

1. 平均；水准面

2. 高程测量；角度测量；距离测量

3. 高差

4. 10 km

5. 本初子午面；二面

6. 赤道平面

7. 从整体到局部；先控制后碎部；步步检核

8. 确定地面点的空间位置

9. 大地水准面；铅垂线；旋转椭球面；法线

10. CGCS2000 大地坐标系；1985 国家高程基准

11、高斯

（二）单项选择题

1 ~ 5. BDCDB

6 ~ 10. DABDA

11 ~ 12. DD

（三）计算题

1. 解：由某点的经度 L 求其高斯投影 3°带带号 N：$N = \text{int}[(L-1.5)/3]+1$；

高斯投影 3°带中央子午线的经度 $L_{中央}$ 与其带号 N 的关系式：$L_{中央}=3N$。

2. 解：我国领土的 3°带高斯投影的带号范围为 25 至 45，6°带高斯投影的带号范围为 13 至 23。

第 2 章　高程测量

二、习题

（一）填空题

1. 传递高程；后

2. +0.320 m；+0.550 m；－0.230 m

3. A 点；B 点

4. 物镜调焦；目镜调焦

5. 附合水准路线；闭合水准路线；支水准路线

6. 往返

7. 8

（二）选择题

1. B；2. AD；3. B；4. D；5. D；6. C；7. ABCD；8. ABC

（三）计算题

1. 解：据题意知：

（1）正确的高差 $h_1 = a_1 - b_1 = 1.573\ \text{m} - 1.415\ \text{m} = 0.158\ \text{m}$；

（2）$b_2' = a_2 - h_1 = 1.834\ \text{m} - 0.158\ \text{m} = 1.676\ \text{m}$，而 $b_2 = 1.696\ \text{m}$，$b_2 - b_2' = 1.696\ \text{m} - 1.676\ \text{m} = 0.02\ \text{m}$，$i = 0.02 \times \rho / D = 52'' > 20''$，$D$ 取 80 m，说明水准管轴与视准轴不平行，需要校正。

（3）校正方法：水准仪照准 B 尺，旋开十字分划板盖板，调节分划板上下两颗校正螺丝使十字丝切准正确读数 1.676 m 即可。

2. 解：见表 5.1。

表 5.1　普通水准测量观测与记录计算

测站	点号	水准尺读数/m 后视	水准尺读数/m 前视	高差/m	高程/m	备注
Ⅰ	BM.A	1.874		0.955	22.718	已知
	TP.1		0.919		23.673	
Ⅱ	TP.1	1.727		0.632		
	TP.2		1.095		24.305	
Ⅲ	TP.2	1.186		−0.637		
	TP.3		1.823		23.668	
Ⅳ	TP.3	1.712		0.096		
	B		1.616		23.764	
计算检核	$\sum$	6.499	5.453			
	$\sum a - \sum b = 1.046$			$\sum h = 1.046$		

3. 见表 5.2。

4. 见表 5.3。

表 5.2　四等水准测量记录整理

测站编号	后尺 下丝	前尺 下丝	方向及尺号	标尺读数		K+黑－红	高差中数	备注
	后尺 上丝	前尺 上丝		后视	前视			
	后距	前距		黑面	红面			
	视距差 d	$\sum d$						
1	1 979	0 738	后 K_1	1 718	6 405	0		K_1=4 687 K_2=4 787
	1 457	0 214	前 K_2	0 476	5 265	－2		
	52.2	52.4	后－前	+1.242	+1.140	+2	1.241	
	－0.2	－0.2						
2	2 739	0 965	后 K_2	2 461	7 247	+1		
	2 183	0 401	前 K_1	0 683	5 370	0		
	55.6	56.4	后－前	+1.778	+1.877	+1	1.778	
	－0.8	－1.0						
3	1 918	1 870	后 K_1	1 604	6 291	0		
	1 290	1 226	前 K_2	1 548	6 336	－1		
	62.8	64.4	后－前	+0.056	－0.045	+1	0.056	
	－1.6	－2.6						
4	1 088	2 388	后 K_2	0 742	5 528	+1		
	0 396	1 708	前 K_1	2 048	6 736	－1		
	69.2	68.0	后－前	－1.306	－1.208	+2	－1.307	
	+1.2	－1.4						
检查计算	$\sum D_a=239.8$ $\sum D_b=241.2$ $\sum d=-1.4$			$\sum$后视$=31.996$ $\sum$前视$=28.462$ $\sum$后视$-\sum$前视$=+3.534$			$\sum h=+3.534$ $\sum h_{平均}=+1.761$ $2\sum h_{平均}=+3.534$	

表 5.3　水准路线成果整理表

点号	路线长 L/km	观测高差 h_i/m	高差改正数 v_{h_i}/m	改正后高差 $\hat{h}_i$/m	高程 H/m	备注
BM·A					7.967	已知
	1.5	+4.362	－0.015	+4.347		
1					12.314	
	0.6	+2.413	－0.006	+2.407		
2					14.721	
	0.8	－3.121	－0.008	－3.129		
3					11.592	
	1.0	+1.263	－0.010	+1.253		
4					12.845	
	1.2	+2.716	－0.012	+2.704		
5					15.549	
	1.6	－3.715	－0.015	－3.730		
B					11.819	已知
$\sum$	6.7	+3.918	－0.066	3.852		

$f_h=\sum h_{测}-(H_B-H_A)=+66\text{ mm}$　$f_{h容}=\pm 40\sqrt{L}=\pm 104\text{ mm}$

$v_{1\text{ km}}=-\dfrac{f_h}{\sum L}=-9.85\text{ mm/km}$　$\sum v_{h_i}=-66\text{ mm}$

5. 解

$\sum h_{理} = 0$

$\sum h = h_1 + h_2 + h_3 - h_4 + h_5 = -0.025\ (m)$

$f_h = \sum h - \sum h_{理} = -0.025\ m = -25\ mm$

$f_{h允} = \pm 12\sqrt{n} = \pm 12\sqrt{49} = \pm 84\ mm$

$v_o = -\dfrac{f_h}{n} = \dfrac{25}{50} = 0.5\ (mm/站)$

$V_i = v_o \times n_i$

$V_1 = 0.5 \times 10 = 5\ (mm)$ $h_{1改} = h_1 + V_1 = 1.229\ (m)$

$V_2 = 0.5 \times 8 = 4\ (mm)$ $h_{2改} = h_2 + V_2 = -1.420\ (m)$

$V_3 = 0.5 \times 8 = 4\ (mm)$ $h_{3改} = h_3 + V_3 = +1.785\ (m)$

$V_4 = 0.5 \times 12 = 6\ (mm)$ $h_{4改} = -h_4 + V_4 = -1.708\ (m)$

$V_5 = 0.5 \times 12 = 6\ (mm)$ $h_{5改} = h_5 + V_5 = +0.114\ (m)$

$H_A = H_I + h_{1改} = 50.195\ (m)$ $H_B = H_A + h_{2改} = 48.775\ (m)$

$H_C = H_B + h_{3改} = 50.560\ (m)$ $H_D = H_C + h_{4改} = 48.852\ (m)$

第 3 章 角度测量

二、习题

（一）填空题

1. 90°
2. 视准轴；水准管轴；横轴；竖轴
3. 正；负
4. 计算点的平面位置
5. 物像与十字丝分划板没有重合
6. 对中；整平
7. 目标方向；其在同一铅垂面内的水平方向；0° ~ ±90°
8. 仪器的竖轴铅垂、水平度盘水平；仪器中心与测站点位于同一条铅垂线上
9. 横轴；居中
10. 平行；90°
11. 望远镜视线；90°或 270°
12. 竖盘指标差；$x=(L+R-360°)/2$
13. 水平；竖直
14. 水平；0° ~ 360°
15. 90°；270°

（二）选择题

1 ~ 5. BDCAC　6 ~ 10. ABADA　11 ~ 15. BAAAD

16 ~ 20. DCDCC　21 ~ 25. DADBA　26 ~ 29. DCAB　30. ABCD

（三）判断题

1 ~ 5. ×√√××　　6 ~ 10. ××√×√　　11 ~ 12. √√

（四）计算题

1. 解：据题意，其计算过程见表 5.4。

表 5.4　测回法水平角观测记录

测站	测回	目标	度盘读数 盘左	度盘读数 盘右	半测回角值	一测回角值	各测回平均角值
			° ′ ″	° ′ ″	° ′ ″	° ′ ″	° ′ ″
O	1	*A*	0 00 24	180 00 54	58 48 30	58 48 27	58 48 33
		B	58 48 54	238 49 18	58 48 24		
	2	*A*	90 00 12	270 00 36	58 48 36	58 48 39	
		B	148 48 48	328 49 18	58 48 42		

2. 解：据题意，其计算过程见表 5.5。

表 5.5　方向观测法水平角观测记录

测回数	测站	目标	2*c*	平均读数	一测回归零方向值	各测回归零方向平均值	角值
			″	° ′ ″	° ′ ″	° ′ ″	° ′ ″
1	*O*	*A*	0	（0 02 34） 0 02 36	0 00 00	0 00 00	70 20 56
		B	−6	70 23 39	70 21 05	70 20 56	157 55 52
		C	−6	228 19 27	228 16 53	228 16 48	25 58 34
		D	0	254 17 54	254 15 30	254 15 22	
		A	−6	0 02 33			
2	*O*	*A*	0	（90 03 14） 90 03 12	0 00 00		
		B	+12	160 24 00	70 20 46		
		C	+6	318 19 57	228 16 43		
		D	+6	344 18 27	254 15 13		
		A	+6	90 03 15			

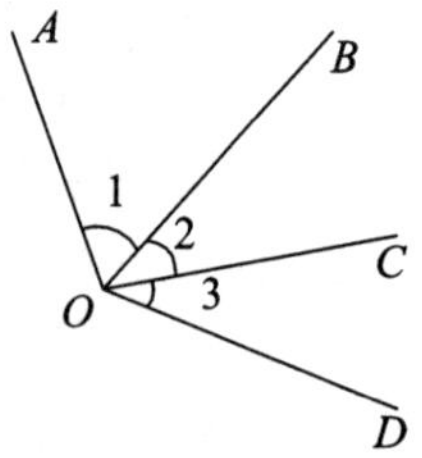

3. 解：据题意，其计算过程见表 5.6。

表 5.6　竖直角观测记录

测站	目标	竖盘位置	竖盘读数 ° ′ ″	半测回角值 ° ′ ″	指标差 ″	一测回角值 ° ′ ″	备注
O	*M*	左	81 18 42	8 41 18	+6	8 41 24	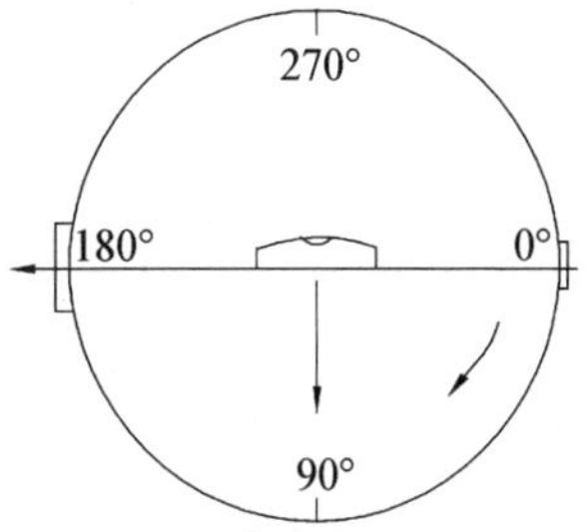 盘左注记
		右	278 41 30	8 41 30			
	N	左	124 03 30	−34 03 30	+12	−34 03 18	
		右	235 56 54	−34 03 06			

4. 解：盘右的竖直角计算公式为：$\alpha_{右} = 270° - R$

盘右的竖直角为：$\alpha_{右} = 270° - R = 270° - 263°18'25'' = 6°41'35''$

第 4 章　距离测量与直线定向

二、习题

（一）填空题

1. 直线定向；直线定线

2. 相对；1；分数；$K = \dfrac{1}{D_{平均}/|D_{往} - D_{返}|}$

3. 水平

5. 真子午线方向；坐标纵线方向；磁子午线方向

6. 磁北；真北

7. 180°

8. 锐

9. 303°20′

10. 0° ~ 360°

（二）单项选择题

1 ~ 5. BDBCC　6 ~ 8. DBB

（三）计算题

1. 解：据题意

$$D = \frac{1}{2}(D_{往} + D_{返}) = \frac{1}{2}(217.30 + 217.38) = 217.34\ \text{m}$$

$$\Delta D = D_{往} - D_{返} = 217.30 - 217.38 = -0.08\ \text{m}$$

（1）$K = \dfrac{1}{\dfrac{D}{|\Delta D|}} = \dfrac{1}{\dfrac{217.34}{0.08}} = \dfrac{1}{2\,716} < \dfrac{1}{2\,000}$，此丈量结果能满足要求的精度。

（2）设丈量 100 m 距离往返丈量按此要求的精度的误差为 $\frac{1}{2\,000}$ 时，则 $|\varDelta| = K_{容} \times 100\text{ m} = \frac{1}{2\,000} \times 100\text{ m} = 0.05\text{ m}$，则 $\Delta D \leqslant \pm 0.05\text{ m}$，即往返丈量较差最大可允许相差。

2. 解：α_{AB}=59°30′，略图见图 5.1。

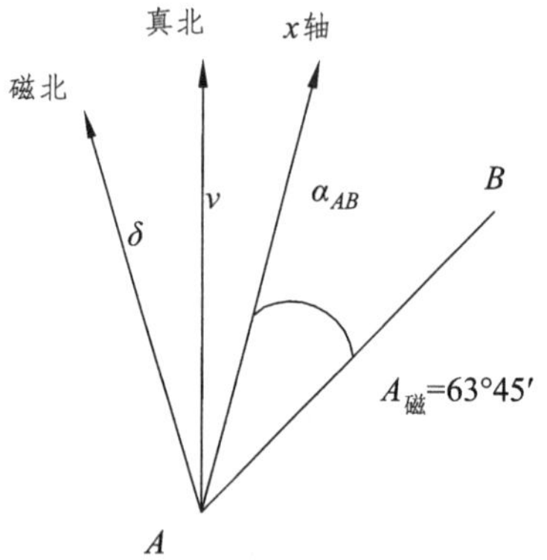

图 5.1　方位角关系略图

3. 解：四条直线分别在第一、二、三、四象限。根据各象限坐标方位角与象限角的计算关系式可得：

$$\alpha_{OA} = R_{OA} = 12°$$
$$\alpha_{OB} = 180° - R_{OB} = 65°$$
$$\alpha_{OC} = 180° + R_{OC} = 213°$$
$$\alpha_{OD} = 360° - R_{OD} = 284°$$

4. 解：由图 4.1 可知，A 到 B 的各转角均为左角，因而

$$\alpha_{A1} = \alpha_{MA} + \beta_A - 180° = 145°00'00'' + 109°00'10'' - 180° = 74°00'10''$$
$$\alpha_{12} = \alpha_{A1} + \beta_1 - 180° = 74°00'10'' + 203°30'26'' - 180° = 97°30'36''$$
$$\alpha_{23} = \alpha_{12} + \beta_2 - 180° = 97°30'36'' + 154°20'32'' - 180° = 71°51'08''$$
$$\alpha_{3B} = \alpha_{23} + \beta_3 - 180° = 71°51'08'' + 213°40'08'' - 180° = 105°31'16''$$
$$\alpha_{BN} = \alpha_{3B} + \beta_B - 180° = 105°31'16'' + 104°10'14'' - 180° = 29°41'30''$$

第 5 章　测量误差基本知识

二、习题

（一）填空题

1. 等精度

2. 系统误差；偶然误差；粗差

3. 相对（中）误差

4. $\frac{1}{\sqrt{n}}$

5. $\sqrt{\frac{n}{2}}m_{站}$

6. $\sqrt{(m_1^2+m_2^2)}$

7. ±10″

8. 反比

（二）单项选择题

1 ~ 5. BABAA　　6 ~ 10. DDCDD　　11. D

（三）计算题

1. 解：（1）算术平均值为：42°20′26″。

（42°20′26″+42°20′30″+42°20′28″+42°20′24″+42°20′23″+42°20′25″）/6=42°20′26″

（2）观测值的中误差为：±2.6″。

$$m=\pm\sqrt{\frac{[vv]}{n-1}}=\pm 2.6''$$

（3）算术平均值的中误差为：±1.06″。

$$m=\pm\sqrt{\frac{[vv]}{n(n-1)}}=\pm 1.06''$$

2. 解：据题意，其计算过程见表 5.7。

表 5.7　水平角成果整理

观测次数	角值 /（° ′ ″）	Δ_i	$\Delta\Delta$	计算
1	179 59 59	+1″	1	（1）$m_A=\pm\sqrt{\frac{[\Delta\Delta]}{n}}=\pm\sqrt{\frac{85}{4}}\pm 4.6''$ （2）$m_A^2=3m_\beta^2$ $\therefore m_\beta=\pm\sqrt{\frac{m_A^2}{3}}=\pm\sqrt{7.08}=\pm 2.66''$
2	180 00 08	−8″	64	
3	179 59 56	+4″	16	
4	180 00 02	−2″	4	
$\sum$	720 00 05	−5″	85	

3. 解：据题意知

（1）因为$h_{1-2}=h_1+h_2+\cdots+h_{25}$

所以　　$m_h=\pm\sqrt{m_1^2+m_2^2+\cdots m_{25}^2}$

又因　　$m_1=m_2=\cdots=m_{25}=m=\pm 3$ mm

则　　$m_h=\pm\sqrt{25\times(\pm 3\ \text{m})^2}=\pm 15$ mm

（2）若 BM_1 至 BM_2 高差中误差不大于±12 mm，该设的站数为 n 个，则：

$$n\cdot m^2=(\pm 12)^2\,\text{mm}$$

所以 $$n=\frac{144}{m^2}=\frac{144}{9}=16\text{站}$$

4. 解：根据三角形闭合差定义

$$f=\alpha+\beta+\gamma-180°$$

根据权倒数传播定律

$$\frac{1}{p_f}=\frac{1}{p_1}+\frac{1}{p_2}+\frac{1}{p_3}=1+2+4=7$$

得 $$p_f=\frac{1}{7}$$

5. 解：该二点间的实地距离为 L：$L=500\times l=500\times 0.023\,4=11.70$ m。

（1）L 的中误差为：$m_L=\pm 500\times 0.2=\pm 100\ \text{mm}=\pm 0.1\ \text{m}$ 。

（2）实地距离最后结果为：（11.7±0.1） m。

6. 解：

均值 L_1 的中误差：$m_{L_1}=\pm\frac{10}{\sqrt{n_1}}=\pm 5''$ 。

均值 L_2 的中误差：$m_{L_2}=\pm\frac{9}{\sqrt{n_2}}=\pm 3''$ 。

根据权的定义，$p_i=\frac{\lambda}{m_i^2}$，令 $\lambda=225$

则：$p_{L_1}=9, p_{L_2}=25$ 。

（1）该角度的最或然值为：$x=\frac{[pL]}{[p]}=\frac{9\times 38°50'40''+25\times 38°50'20''}{9+25}=38°50'25.3''$ 。

（2）该角度最或然值的中误差为：$m_x=\pm\sqrt{\left(\frac{p_{L_1}}{[p]}\right)^2\cdot m_{L_1}^2+\left(\frac{p_{L_2}}{[p]}\right)^2\cdot m_{L_2}^2}=\pm\sqrt{\frac{9^2\cdot 5^2}{34^2}+\frac{25^2\cdot 3^2}{34^2}}=\pm 2.6''$ 。

第 6 章　小区域控制测量

二、习题

（一）填空题

1. 平面测量；高程测量

2. 闭合导线；附合导线；支导线

3. 踏勘选点；建立点位标志；导线边长测量；导线角度测量

4. 角度闭合差的计算与调整；导线边方位角推算；导线边坐标增量初算值计算；坐标增量闭合差计算与调整；导线点计算

5. 反号平均分配

6. 导线全长相对闭合差

（二）单项选择题

1～5. CCABD　　6～10. BCADC

（三）计算题

1. 解：

$\Delta Y_{AB}=196.450-721.324=-524.874\text{ m}$，$\Delta X_{AB}=239.460-437.620=-198.16\text{ m}$。

$\Delta Y_{AB}<0, \Delta X_{AB}<0$。

α_{AB}在第三象限。

$$\alpha_{AB}=180°+\arctan\frac{-524.874}{-198.16}=180°+69°18'59.6''=249°18'59.6''$$

$$D_{AB}=\sqrt{\Delta X_{AB}^2+\Delta Y_{AB}^2}=561.035\text{ m}$$

2. 解：见表 5.8。

表 5.8　坐标增量计算

边　号	坐标方位角 /（°　′　″）	边长/m	Δ X/m	Δ Y/m
1	41　32　24	246.136	184.231	163.223
2	125　23　30	237.098	−137.318	193.285
3	247　22　48	150.453	−57.867	−138.880
4	333　42　54	174.458	156.419	−77.256

3. 解：闭合导线内业计算见表 5.9。

表 5.9　闭合导线计算

点号	观测角（左角）	改正数 /（″）	改正角	坐标方位角 α	距离 D /m	增量计算值 Δx/m	增量计算值 Δy/m	改正后增量 Δx/m	改正后增量 Δy/m	坐标值 x/m	坐标值 y/m	点号
A	B	C	D=B+C	E	F	G	H	I	J	K	L	M
1										500.00	500.00	1
				335°24′00″	201.60	+0.05 +183.30	+0.02 −83.92	+183.35	−83.90			
2	108°27′18″	−10″	108°27′08″							683.35	416.10	2
				263°51′08″	263.40	+0.07 −28.21	+0.02 −261.89	−28.14	−261.87			
3	84°10′18″	−10″	84°10′08″							655.21	154.23	3
				168°01′16″	241.00	+0.07 −235.75	+0.02 +50.02	−235.68	+50.04			
4	135°49′11″	−10″	135°49′01″							419.53	204.27	4
				123°50′17″	200.40	+0.05 −111.59	+0.01 +166.46	−111.54	+166.47			
5	90°07′01″	−10″	90°06′51″							307.99	370.74	5
				33°57′08″	231.40	+0.06 +191.95	+0.02 +129.24	+192.01	+129.26			
1	121°27′02″	−10″	121°26′52″							500.00	500.00	1
				335°24′00″								
2												
Σ	540°00′50″	−50″	540°00′00″		1 137.80	−0.30	−0.09	0	0			

辅助计算：

$\sum\beta_{测}=540°00'50''$　$W_x=\sum\Delta x=-0.30\text{ m}$　$W_y=\sum\Delta y=-0.09\text{ m}$

$\sum\beta_{理}=540°00'50''$　$W_D=\sqrt{W_x^2+W_y^2}=0.31\text{ m}$

$f_\beta=\sum\beta_{测}-\sum\beta_{理}=+50''$　$W_K=\dfrac{0.31}{1137.80}\approx\dfrac{1}{3\,600}<\dfrac{1}{2\,000}$

$f_{\beta容}=\pm60\sqrt{5}=\pm134''$　$|f_\beta|<|f_{\beta容}|$

4. 解：导线内业计算见表 5.10。

表 5.10　附合导线计算

点号	观测角（右角）	改正数	改正角	坐标方位角 α	距离 D /m	增量计算值 Δx/m	增量计算值 Δy/m	改正后增量 Δx/m	改正后增量 Δy/m	坐标值 x/m	坐标值 y/m	点号
A	B	C	D=B+C	E	F	G	H	I	J	K	L	M
A												*A*
				<u>236°44′28″</u>								
B	205°36′48″	−13″	205°36′35″							<u>1 536.86</u>	<u>837.54</u>	*B*
				211°07′53″	125.36	+0.04 −107.31	−0.02 −64.81	−107.27	−64.83			
1	290°40′54″	−12″	290°40′42″							1 429.59	772.71	1
				100°27′11″	98.76	+0.03 −17.92	−0.02 +97.12	−17.89	+97.10			
2	202°47′08″	−13″	202°46′55″							1 411.70	869.81	2
				77°40′16″	144.63	+0.04 +30.88	−0.02 +141.29	+30.92	+141.27			
3	167°21′56″	−13″	167°21′43″							1 442.62	1 011.08	3
				90°18′33″	116.44	+0.03 −0.63	−0.02 +116.44	−0.60	+116.42			
4	175°31′25″	−13″	175°31′12″							1 442.02	1 127.50	4
				94°47′21″	156.25	+0.05 −13.05	−0.03 +155.70	−13.00	+155.67			
C	214°09′33″	−13″	214°09′20″							<u>1 429.02</u>	<u>1 283.17</u>	*C*
				<u>60°38′01″</u>								
D												*D*
Σ	1 256°07′44″	−77″	1 256°06′27″		641.44	−108.03	+445.74	−107.84	+445.63			

辅助计算：

$\alpha'_{CD} = \alpha_{AB} - \sum\beta + n\cdot180° = 60°36'44''$　$W_x = \sum\Delta x - (x_C - x_B) = -0.19$ m　$W_y = \sum\Delta y - (y_C - y_B) = +0.11$ m

$f_\beta = \alpha'_{CD} - \alpha_{CD} = -77''$　$W_D = \sqrt{W_x^2 + W_y^2} = 0.22$ m

$f_{\beta容} = \pm60\sqrt{n} = \pm146''$　$|f_\beta| < |f_{\beta容}|$　$W_K = \dfrac{0.22}{641.44} \approx \dfrac{1}{2\,900} < \dfrac{1}{2\,000}$

第 7 章　大比例尺地形图的测绘和应用

二、习题

（一）填空题

1. 等高线平距
2. 梯形分幅；矩形分幅
3. 下坡；上坡
4. 363.4 m
5. 1∶5 000；50 cm
6. 比例符号；半比例符号；非比例符号
7. 25.25 m
8. 1.3%
9. 分数值的大小；小；大；大；详细
10. 4∶1

11. 首曲线；计曲线；助曲线；间曲线

12. 20 m

（二）单项选择题

1 ~ 5. BBCAC　6 ~ 10. BCACA　11 ~ 15. DADAC

16 ~ 20. ADBBD　21 ~ 24. BCDA

（三）判断题

1 ~ 5.√××√×；6 ~ 10.×√×××

11 ~ 15.√××√×；16 ~ 20.√√√√√

（四）计算题

1. 解：见表 5.11。

表 5.11　视距测量记录表

测站	视距间隔读数 /m	中丝读数/m	竖盘读数（左）/（° ′）	竖直角 /（° ′）	水平距离 /m	高差 /m	高程 /m
1	1.05	1.5	86　47	4　12	104.673	5.802	76.302
2	0.32	1.2	90　31	−0　32	31.997	−0.048	70.452
3	0.81	1.5	105　35	−15　36	75.142	−21.030	49.470
4	1.24	1.6	90　08	−0　09	123.999	−0.475	70.025
5	1.35	1.5	86　47	3　12	134.579	7.474	77.974
6	1.53	1.4	105　40	−15　41	141.820	−39.769	30.731

2. 解：见图 5.2。

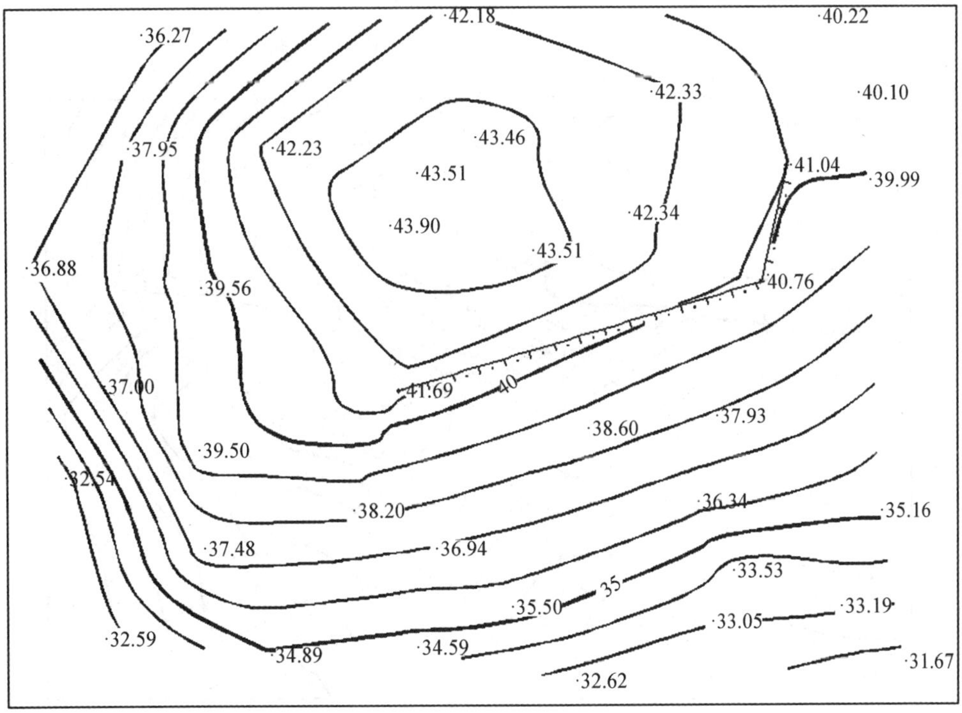

图 5.2　等高线绘制

3. 解：见图 5.3。

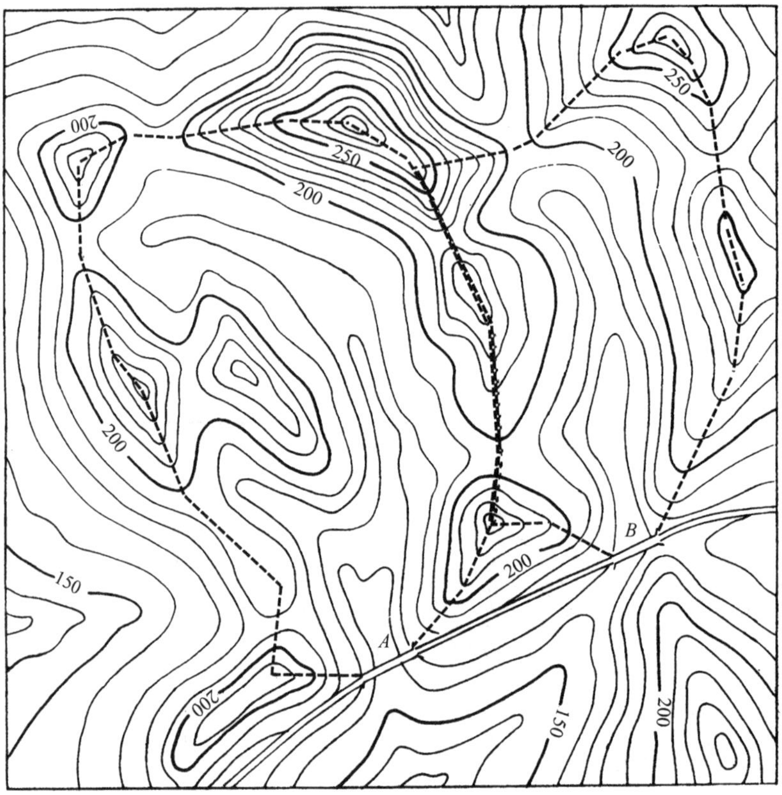

图 5.3　汇水面积图

4. 解：（1）见图 5.4。

图 5.4　地形图符号绘制

（2）$H_B = 205$ m， 100 m。

（3）AB 不通视；BC 通视。

（5）见图 5.5。

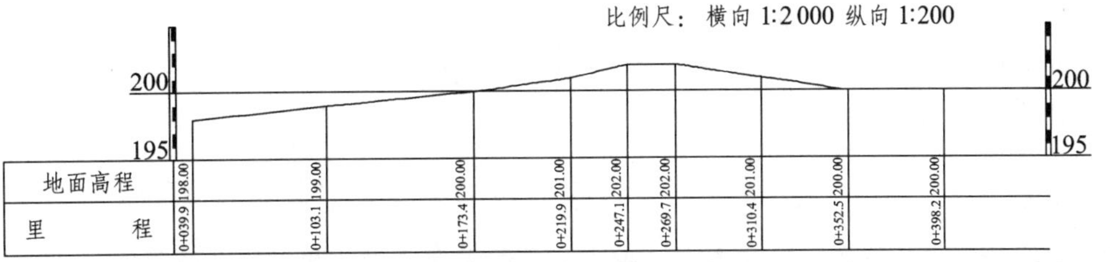

图 5.5 断面图

5. 解：Y_A=20 787 766.52 m，A 点在第 20 带，则 A 点所在 6°带内中央子午线的经度：L=6n−3=6×20−3=117°；A 点实际 Y 坐标 $Y_{实}$=787 766.52−500 000=287 766.52>0，则 A 点在中央子午线东侧，距离中央子午线 287 766.52m。

6. 解：（1）1∶100 万地形图的分幅编号：

$$h = \text{int}(y/\Delta y)+1 = \text{int}(26°38'/4)+1 = 7$$

$$l = \text{int}(x/\Delta x)+31 = \text{int}(100°36'/6)+31 = 47$$

则 1∶100 万地形图的分幅编号为：G47。

（2）1∶10 万地形图的分幅编号：

$$h = \text{int}(y/\Delta y)+1 = \text{int}(26°38'/20')+1 = 80$$

$$l = \text{int}(x/\Delta x)+31 = \text{int}(100°36'/30')+31 = 232$$

则 1∶10 万地形图的分幅编号为：G47D080232。

第 8 章 建筑工程测量

一、习题

（一）填空题

1. 测设
2. 测绘竣工图；变形监测
3. 角度；距离；高程
4. 正倒镜分中法；多测回修正法
5. 方向
6. 直角坐标法
7. 设计高程
8. 1.036
9. 1∶1 000
10. 极限偏差；4
11. 施工放样

（二）单项选择题

1 ~ 5. CABAC

第 9 章　道路工程测量

二、习题

（一）填空题

1. 转角；左转角；右转角
2. 地形加桩；地物加桩
3. 切线长；曲线长；外矢距；切曲差
4. 直圆点；曲中点；圆直点
5. 里程增加；交点（JD）
6. 曲线的起点或终点；切线方向；垂直于切线方向、指向圆心的半径方向
7. 弦切角；弦长
8. 在各中桩处测定垂直于道路中线方向的地面起伏，再按桩号绘制横断面图
9. 中桩里程；地面高程
10. H_A+a；H_A+a-b

（二）单项选择题

1 ~ 5. BBABD　6 ~ 10. CCAAD

（三）计算题

1. 解：根据图中标注计算如下：

$$A\text{点到JD距离：}a=\frac{AB\sin 30^\circ}{\sin 105^\circ}=12.94\ \text{m}$$

$$B\text{点到JD距离：}b=\frac{AB\sin 45^\circ}{\sin 105^\circ}=18.30\ \text{m}$$

（1）曲线元素：

$$\alpha=75^\circ$$

$$\text{切线长}T=R\tan\frac{\alpha}{2}=40\times\tan 37.5^\circ=30.69\ \text{m}$$

$$\text{曲线长}L=\frac{\alpha}{180^\circ}\pi R=\frac{75^\circ}{180^\circ}\times 40\pi=52.36\ \text{m}$$

$$\text{外矢距}E=R\left(\sec\frac{\alpha}{2}-1\right)=40\times(\sec 37.5^\circ-1)=10.42\ \text{m}$$

$$\text{切曲差}D=2T-L=30.69\times 2-52.36=9.02\ \text{m}$$

（2）主点里程：$t_1=T-a=30.69-12.94=17.75$ m

$t_2=T-b=30.69-18.30=12.39$ m

ZY 里程=A 点里程$-t_1$=K2+364.70−17.75=K2+346.95

YZ 里程=ZY 里程+L=K2+346.95+52.36=K2+399.31

QZ 里程=YZ 里程$-L/2$=K2+399.31−26.18=K2+373.13

（3）主点的测设：

从 A 点沿 JD 方向远离 JD 量取 t_1=17.75 m，得 ZY 点；

从 B 点沿 JD 方向远离 JD 量取 t_2=12.39 m，得 YZ 点。

QZ 点测设：

作出圆曲线的草图，过 QZ 点作圆的切线，交圆曲线的两条切线于 M、N 点，由几何知识可知：ZY—M=M—QZ=QZ—N=N—YZ，令它们的值为 T'。

在直角三角形 O-ZY-JD 中（O 为圆心），根据三角函数关系：

$$T' = R\tan\frac{\alpha}{4} = 40\times\tan\frac{75^\circ}{4} = 13.58\ \text{m}$$

测设时，分别从 ZY 点向 A 方向丈量 13.58 m 得 M 点，从 YZ 点向 B 方向量 13.58 m 得 N 点，连接 MN 取其中点，即 QZ 点。

2. 解：（1）曲线元素：

$$偏角\alpha = \alpha_{CB} - \alpha_{BA} = 113^\circ49'34'' - 109^\circ42'28'' = 4^\circ07'06''$$

$$曲线长L = \frac{\alpha}{180^\circ}\pi R = \frac{4^\circ07'06''}{180^\circ}\times 1\,500\pi = 107.818\ \text{m}$$

$$切线长T = R\tan\frac{\alpha}{2} = 1500\times\tan\frac{4^\circ07'06''}{2} = 53.932\ \text{m}$$

$$外矢距E = R\left(\sec\frac{\alpha}{2} - 1\right) = 1\,500\times\left(\sec\frac{4^\circ07'06''}{2} - 1\right) = 0.969\ \text{m}$$

（2）主点桩号：

圆曲线起点为 BC（ZY）、中点为 MC（QZ）、终点为 EC（YZ）。

BC 桩号=B 点里程－T=K2+439.57−53.932=K2+385.64

MC 桩号=BC 点里程+L/2=K2+385.64+107.818/2=K2+439.55

EC 桩号=BC 点里程+L=K2+385.64+107.818=K2+493.46

检核：B 点的里程=MC 点里程+D/2=K2+439.55+（2×53.932−107.818）/2=K2+439.57

（3）圆心 O 点坐标：

$$x_O = x_B + (R+E)\cos\left(\alpha_{BC} + \frac{180^\circ - \alpha}{2}\right)$$

$$= 3\,007.035 + (1\,500 + 0.969)\times\cos\left(293^\circ49'34'' + \frac{180^\circ - 4^\circ07'06''}{2}\right) = 4\,400.985\ \text{m}$$

$$y_O = y_B + (R+E)\sin\left(\alpha_{BC} + \frac{180^\circ - \alpha}{2}\right)$$

$$= 5\,557.329 + (1\,500 + 0.969)\times\sin\left(293^\circ49'34'' + \frac{180^\circ - 4^\circ07'06''}{2}\right) = 6\,113.936\ \text{m}$$

3. 解：见表 5.12。

表 5.12　中平测量记录

立尺点	水准尺读数/m			视线高/m	高程/m
	后视	中视	前视		
BM_1	2.047			101.293	99.246
K4+000		1.82			99.473
K4+020		1.67			99.623
K4+040		1.91			99.383
K4+060		1.56			99.733
ZD_1	1.734		1.012	102.015	100.281

4. 解：（1）由已知条件可知：测设数据见表 5.13。

表 5.13　偏角计算表

桩号及里程	弧长 /m	弦长 /m	偏角 /（°　′　″）	总偏角 /（°　′　″）
ZY K2+427			0 00 00	0 00 00
P_1 K2+430	3	3	1 43 08	1 43 08
P_2 K2+440	10	9.983	5 43 46	7 26 54
P_3 K2+450	10	9.983	5 43 46	13 10 40
QZ K2+459	9	8.988	5 09 24	18 20 04
P_4 K2+460	1	1	0 34 23	18 54 27
P_5 K2+470	10	9.983	5 43 46	24 38 13
P_6 K2+480	10	9.983	5 43 46	30 21 59
P_7 K2+490	10	9.983	5 43 46	36 05 45
YZ K2+491	1	1	0 34 23	36 40 08

（2）示意图见图 5.6。

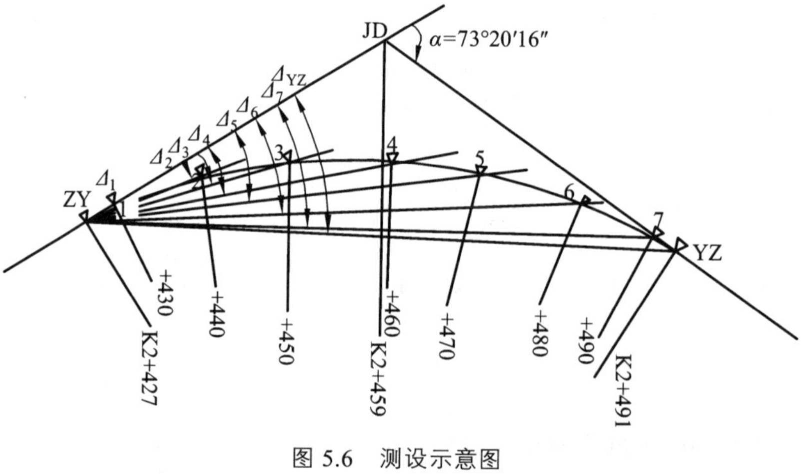

图 5.6　测设示意图

测设方法：

① 在 ZY 点上置经纬仪，照准 JD 桩，水平度盘配置在 0°00′00″。

② 顺时针转照准部，使水平度盘读数为 Δ_1，即 1°43′08″时，在此方向上量取弦长 C_1，即 3 m，得 P_1+430 桩位，依次类推测设其他桩位。

第 10 章　地质勘探工程测量

二、习题

（一）填空题

1. 普查；勘探

2. 基线；工程点

3. 钻孔位置布设（布孔）；钻孔位置测量

4. 初测；复测；定测

5. 种类；产状

（二）单项选择题

1～5. CADAC

参考文献

[1] 王卫红，段祝庚，王庆. 测量学. 上海：上海交通大学出版社，2018.
[2] 兰济昀，宋怀庆，李玉宝. 测量学实验与习题. 成都：西南交通大学出版社，2012.
[3] 李玉宝. 测量学. 4版. 成都：西南交通大学出版社，2016.
[4] 陈丽华. 测量学实验与实习. 杭州：浙江大学出版社，2011.
[5] 张正禄. 工程测量学. 武汉：武汉大学出版社，2005.
[6] 顾孝烈. 测量学实验. 2版. 上海：同济大学出版社，2010.
[7] 李晓莉. 测量学实验与实习. 北京：测绘出版社，2006.
[8] 程效军，等. 测量实习教程. 上海：同济大学出版社，2005.